飾れる 使える

かんたん かわいい おりがみ

おりがみの時間 著

飾りかたのコツ

作品を作ったら、しまっておかずに飾ってみましょう。
飾りかたのコツを紹介します。

うつわに入れる

大きめのうつわにのせます。
緩衝材、綿などを入れて作品を
のせると、ボリュームが出ます。

モビールにする

リボンやひもなどに、
作品をつるしてバランスをとり、
モビールにできます。
おりがみ作品は、かるいので
テープなどではるだけで大丈夫です。

台座におく

平らな作品は、台座にはると、立てて飾れます。

空きビンに入れる

ビンに、作品を入れてさかさまにし、スノードームに見立てました。

ガーランドにする

リボンやひもに、クリップなどで作品をはさめば、おしゃれなガーランドになります。作品の間にリボンの花などを入れると華やかに。

もくじ

- 飾りかたのコツ 2
- あるとべんりな道具 8
- この本のおり図記号 9
- よく使うおりかた 10
- 使うおりがみのサイズ 12
- かわいい顔をかくコツ 13

▶ **パーティー** 14

シマエナガ
ポケット
16

パンダポケット
18

メダル
19

ハートねこ
メダル
20

クマの
メッセージカード
22

▶ **おいわい** 26

ねこのはしおき
24

ろうそく
28

数字0〜9
29

▶ **ひなまつり** 32

春

おひなさま
34

ひな台
36

ももの花
38

▶ **イースター** 40

にわとり
42

ひよこ
44

**イースターエッグ
うさぎ**
45

**てんとう虫
ポケット**
47

さくらの花
49

▶ **こどもの日** 50

かぶと
51

こいのぼり
52

夏

▶ **梅雨** 54

ハスの葉
56

おたまじゃくし
58

カエル
59

▶ **七夕** 62

てるてるぼうず
60

かさ
61

おりひめ
64

ひこ星
67

星
68

▶ つめたいおやつ 72

ササの葉
ガーランド
70

たんざくしおり
71

スイカ
73

かきごおり
76

▶ お月見 78

秋
▶▶▶▶

まんげつと雲と
うさぎ
79

お月見だんごと三方
80

まんげつうさぎ
ポケット
82

▶ 秋の森 86

ススキ
84

どんぐり
88

おち葉
89

きのこ
90

ふくろう
91

▶ ハロウィン 92

オバケと
カボチャ
94

まじょのぼうしと
ねこ
96

しにがみ
98

カボチャの
キャンディーカバー
100

▶ **クリスマス** 102

コロンとサンタ
104

ベル
105

シンプルツリー
106

▶ **お正月** 110

▶ **せつぶん** 116

コロンとトナカイ
108

ポチぶくろ
111

おもち
112

だるまポケット
114

おに
118

おたふく
119

えほうまき
120

おにの豆入れ
122

シンプルリース 124
オリジナルリースを作ってみよう！ 126

いろいろ
おってみよう！

あるとべんりな道具
おりがみをおるときにあるとべんりな道具

じょうぎ
おる長さをきめるときや、おりがみを切る、おりすじをつけるときに使う。

カッター
おりがみを切るときに使う。

はさみ
おりがみを切ったり、丸シールを切ったりするときに使う。

あなあけパンチ
きれいに丸いあなをあけることができる。

ねん土ヘラ
かるい力で、きれいにおり目をつけることができる。
おり目に、ヘラをそえておして使う。

セロハンテープ
おったところが、ういてこないようにとめたりする。

両面テープ
のりでとめにくいところや、のりのかわりに使う。

ピンセット
細かいところをおったり、引き出したりするときに使う。小さいカドをつまみながらおるときに便利。

のり
パーツをはりあわせたりするときに使う。

ペン
顔をかいたり、模様をかいたりするときに使う。細いペンだとこまかくかくことができる。

丸シール
目やほっぺなどに使う。5mm、8mmなどサイズがある。丸シールのかわりに、ペンでかくこともできる。

この本のおり図記号

おりかたに出てくる記号をまとめました。

谷おり線
点線で手前におる

― ― ― ― ― ― ― ― ―

山おり線
点線で後ろにおる

―・―・―・―・―・―・―

谷おり　　山おり
やじるしのむきにおる

おりすじをつける
おりすじをつけて、元にもどす

めくる
おりがみをめくったり、動かしたりする

おりがみとおりがみのすきま
重なっているおりがみのある状態

むきをかえる
おりがみのむきをかえる

切る
おりがみを切る、切りこみを入れる

ウラがえす
おりがみをウラがえす

拡大する
わかりにくいところを拡大する

レベル　▲1…かんたん　▲▲2…ふつう　▲▲▲3…ややむずかしい

よく使うおりかた

この本でおりがみをおるときに、よく使うおりかたを紹介します。

谷おり

① 谷おり線

線が内がわにかくれるように、下から上の方向におる。

② おったところ。

山おり

① 山おり線

線が外がわになるように、線の位置から外がわの方向におる。

② おったところ。

おりすじをつける

① はじまり

点線の位置がおりすじになるよう、下からおったあと、もどす。

② おりすじがついたところ。

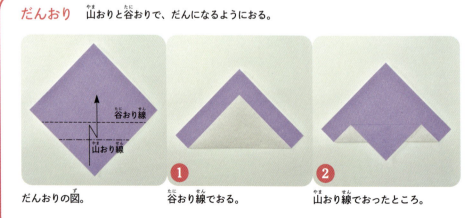

だんおり

山おりと谷おりで、だんになるようにおる。

だんおりの図。
谷おり線
山おり線

① 谷おり線でおる。

② 山おり線でおったところ。

中わりおり

① 線の位置で、おりすじがつくよう★と■のはしをあわせており、もどす。

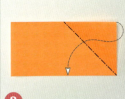

② おりすじにそって、右上のカドを内がわにおりこむ。

③ 内がわにわりこむように、おっているところ。

④ おりおわった形。

しかくにおりたたむ

① 下から上へおり、よこにおりすじをつける。

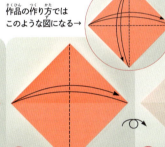

② 右から左へおり、たてにおりすじをつける。

作品の作り方ではこのような図になる→

③ ウラがえし、左下から右上へおり、ななめにおりすじをつける。

④ 右下から左上へおり、ななめにおりすじをつける。

作品の作り方ではこのような図になる→

⑤ おりすじにそって、3つのカドを下のカドにあつめるようにおりたたむ。

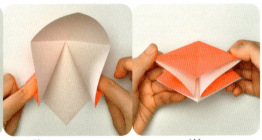

カド1点にあつめているところ。

おりたたんだ形。

使うおりがみのサイズ

この本では、作品によって、おりがみのサイズを使いわけています。

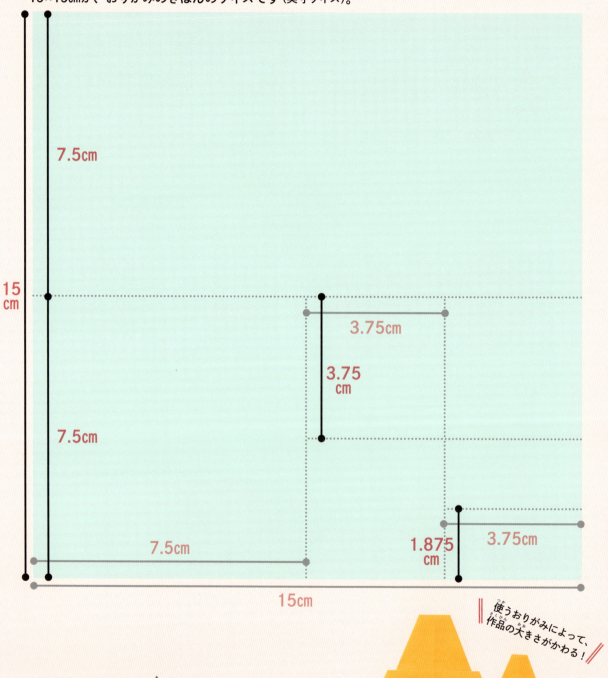

15×15cmが、おりがみのきほんのサイズです(実寸サイズ)。

使うおりがみによって、作品の大きさがかわる！

※すきなサイズにはかって切ってください

かわいい顔をかくコツ

目や鼻、口の位置、大きさで顔のイメージがかわります。すきな顔をかいてみましょう。

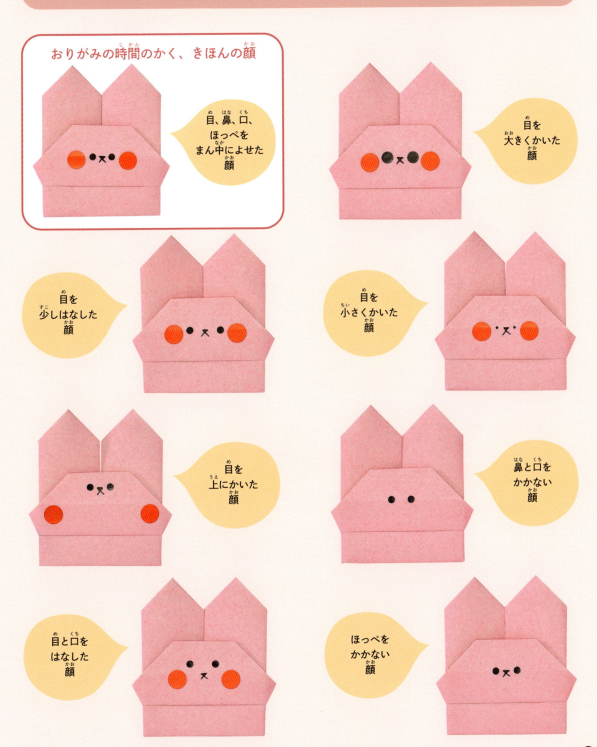

パーティー

おたんじょう日パーティーや、お友だちがおうちに来たときに、おりがみでかわいいおもてなし。

メダル ▶ p.19

ハートねこメダル ▶ p.20

パンダポケット ▶ p.18

シマエナガポケット ▶ p.16

シマエナガポケット

森のようせいとよばれるシマエナガをポケットにしました。
おかしを入れると、コロンとかわいい形になります。

レベル ▲▲ 2

ようい　おりがみ（15×15cm）1まい　　目用丸シール（5mm）2まい　　くちばし用丸シール（8mm）½まい

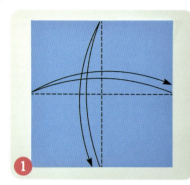

❶ はしとはしをあわせて、おりすじをつける。

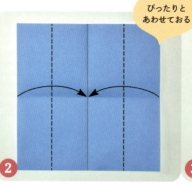

❷ 左右のはしを、中心線にあわせておる。

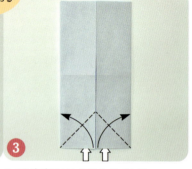

ぴったりとあわせておる

❸ カドを左右のはしにあわせておる。

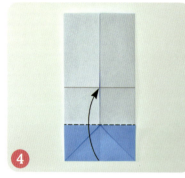

❹ 下はしを中心線にあわせておる。

❺ はしを中心線にあわせておる。

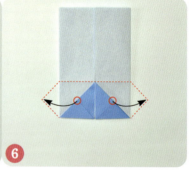

❻ カドをつまんで左右に引き出す。

❼ 引き出しているところ。

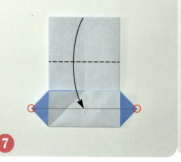

❼ 上はしを、左右のカドをむすぶ線のいちにあわせておる。

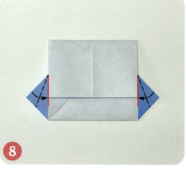

❽ 左右のはしを赤線のフチにあわせておる。

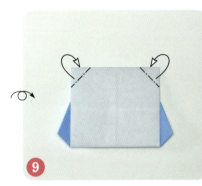

⑨ ウラがえし、カドを後ろにおる。

ペンや丸シールで顔をかく。

プレゼントにぴったり

シマエナガポケット、パンダポケットは、中に小さなおかしを入れて、かるくフタをしめることができます。おかしを入れて、お友だちにプレゼントしたら、よろこばれるかも!? 中にものが入ることで、ぷっくりとふくらみ、かわいらしさもアップします。

p.16 ❼でおったところをひらくと、ポケットになります。

上をあけると中に小さなおかしを入れられます。

パンダポケット

人気のパンダのポケット。ふたをすることができるので、小さなおかしを入れて、お友だちへのプレゼントにも！

レベル 2

| よういい | おりがみ (15×15cm) 1まい | 鼻用丸シール (5mm) 1まい | ほっぺ用丸シール(8mm) 2まい | ペン |

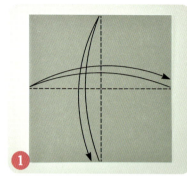

① はしとはしをあわせて、おりすじをつける。

② カドを中心点にあわせておる。

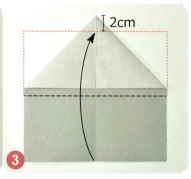

③ 下はしを、上のカドから2cm下くらいにあわせておる。

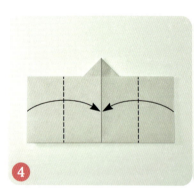

④ 左右のはしを、中心線にあわせておる。

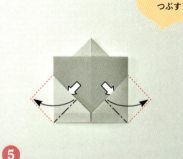

⑤ カドをひらいて、おりすじをたてのはしの線にあわせてつぶす。

広げながらつぶす

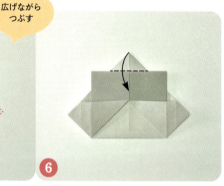

⑥ カドをフチのいちでおる。

⑦ おりすじでカドをおる。

⑧ ウラがえし、カドを後ろにおる。

パンダの目はたれ目にする

ペンや丸シールで顔をかく。

かんせい

メダル

レベル1

おりがみを2まいくみあわせて作るメダル。
まん中に、言葉や絵をかくと、すてきなメダルになります。

よういするもの		
おりがみ（7.5×7.5cm）2まい	リボン（あれば）	テープ

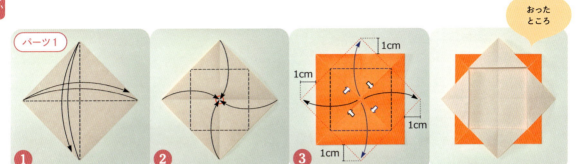

パーツ1

1. カドとカドをあわせて、おりすじをつける。
2. 4つのカドを中心点にあわせておる。
3. 2でおった4つのカドがはしから、1cm出るようにおりかえす。

おったところ

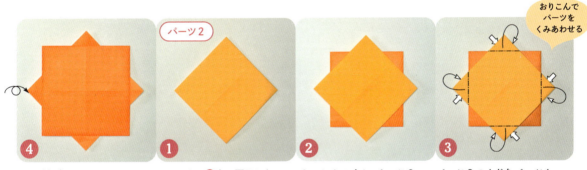

4. ウラがえす。

パーツ2

1. パーツ1の❷まで同じにおり、ウラがえして写真のむきにする。
2. パーツ1の上にパーツ2をかさねる。
3. パーツ2のカドをパーツ1のフチで後ろのすきまにおりこむ。

おりこんでパーツをくみあわせる

くみあわせた形。

かんせい

アレンジ

ウラがわ！

メダルにしよう

ウラがわにリボンをはりつけると、首にかけられるメダルになります。
おりがみの色のくみあわせを、いろいろかえてみましょう。

ハートねこメダル

ハートとねこをくみあわせた、かわいいメダル。
すきな色のハートをおって、リボンをつけてみましょう。

レベル 2

| よう い | おりがみ (15×15cm) 1まい | のり | ペン | リボン（あれば） |

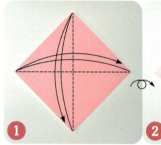
① カドとカドをあわせて、おりすじをつける。

② ウラがえし、4つのはしとはしをあわせており、半分のいちでおりすじをつける。

③ 上のカドを、中心点にあわせておる。

④ おりすじをつかって、おりたたむ。

おりたたんでいるところ。

⑤ 上のカドを1まいだけ、下のカドにあわせておりすじをつける。

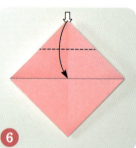
⑥ 上のカドを1まいだけ、おりすじにあわせておる。

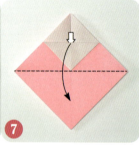
⑦ 上のフチを1まい、おりすじでおる。

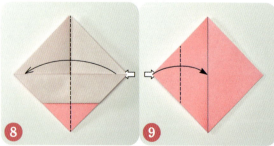

⑧ 右から左に1まいめくる。

⑨ 左のカドを1まいだけ、おりすじにあわせておる。

⑩ カドとカドをあわせておる。

⑪ 左から右に2まいめくる。

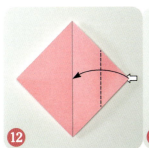
⓬ 右のカドを1まいだけ、おりすじにあわせておる。

⓭ カドとカドをあわせておる。

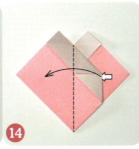
⓮ 右から左に1まいめくる。

⓯ 点線で後ろにおり、のりづけする。

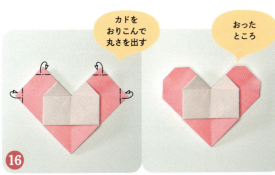

カドをおりこんで丸さを出す

おったところ

かんせい

⓰ カドを点線で、後ろにおり、形をととのえる。

ペンなどで顔をかく。

アレンジ

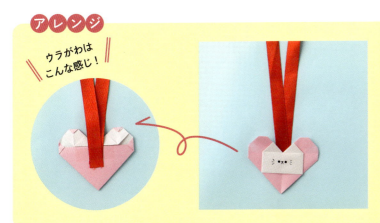

ウラがわはこんな感じ！

メダルにしよう

作ったメダルのウラがわに、すきな色のリボンをはりつけてみましょう。首にかければ、かわいいメダルのできあがり。もようの入ったおりがみで作るのもすてきです。
ねこの顔もいろいろくふうしてみてもいいですね。

クマのメッセージカード

お友だちの席に、かわいいメッセージカードをおいておもてなし。おなかをひらいてメッセージを書けるクマのカードです。

| よ う い | おりがみ（15×15cm）1まい | 目用丸シール（5mm）2まい | 鼻用丸シール（5mm）1まい |
| | 鼻・口のまわり用丸シール（15mm）1まい | | ペン |

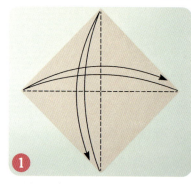

❶ カドとカドをあわせて、おりすじをつける。

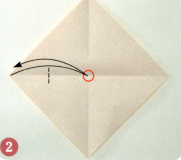

❷ 左のカドを中心点にあわせて、しるしをつける。

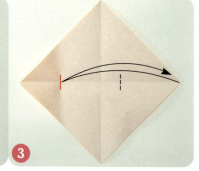

❸ 右のカドを、❷でつけたしるしにあわせており、さらにしるしをつける。

❹ 左のカドを、❸でつけたしるしにあわせておる。

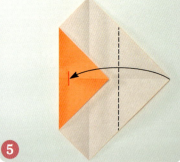

❺ 右のカドを、❷のしるしにあわせておる。

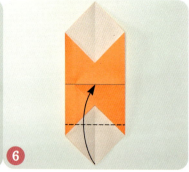

❻ 下のカドをおりすじにあわせておる。

❼ 上下のはしをあわせておる。

いったん手前におりすじをつけるとおりやすい

❽ ○と○をむすぶ線で、後ろにおる。

❾ ウラがえし、カドをおり線のように、だんおりする。

だんにして耳にする

⑩ ウラがえし、カドを後ろにおって丸みを出す。

ペンや丸シールで顔をかく。

つかいかた
ひみつのメッセージ!?

下のぶぶんをひらくと、メッセージを書くスペースがあります。中にお手紙を書いてみましょう。
ふうをすることができるので、みんなには、ないしょのお手紙も書けちゃうかも!?
くまの顔の下には、お手紙をおくる子の名前も書けます。

おてがみかいてみてね

ねこのはしおき

おもてなしにピッタリなはしおきも、ねこの形に作れます。
かわいい顔で、つかう人もおもわずにっこり。

レベル
▲▲▲ 3

よう おりがみ（7.5×7.5cm）1まい　　ペン
※わかりやすいように15×15cmのおりがみをつかっています。

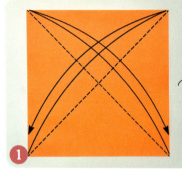

1. カドとカドをあわせて、おりすじをつける。

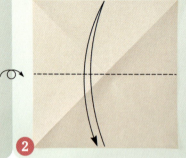

2. ウラがえし、上下のはしをあわせて、おりすじをつける。

3. カドを中心点にあわせておる。

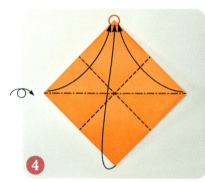

4. ウラがえし、おりすじをつかっておりたたむ。

おりたたんでいるところ

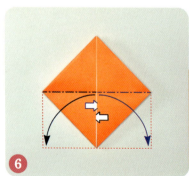

5. 1まいだけ上下のカドをあわせて、おりすじをつける。

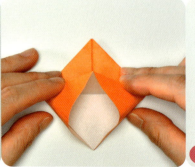

6. おりすじをつかって、カドをひらいてつぶす。

ひらいているところ。

7. ウラがわも、5と6と同じにおる。

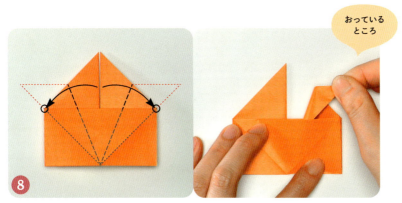

まん中のフチを、すきまの中で、カドにあわせておる。

点線でカドを後ろにおり、すきまにしまう。

しまっているところ。

ペンなどで顔をかく。

つかいかた
広げて立てる

底のすきまに、指を入れて広げます。広げると、立たせたときに安定します。はしをおくと、かわいいはしおきになります。小さなフォークやスプーンをおいてもいいですね。

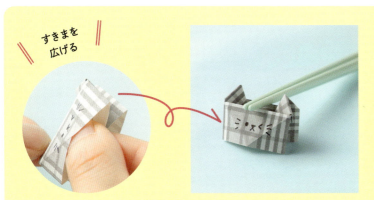

おいわい

おたんじょう日飾りにもぴったりな、ろうそくと数字です。
すきな色やもようのおりがみで作るとおたんじょう日もはなやかに。

ろうそく ▶ p.28

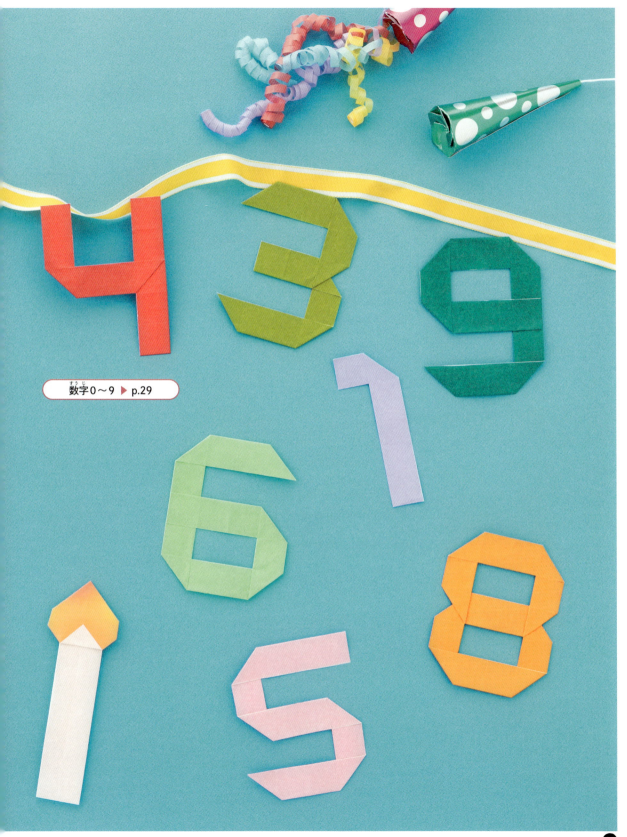

数字0〜9 ▶ p.29

ろうそく

おたんじょう日にかかせない、ろうそくもおりがみで作れます。
ねんれいの数だけかざってすてきなおたんじょう日会に！

レベル ▲▲ 3

よう
い おりがみ（15×15㎝）1まい

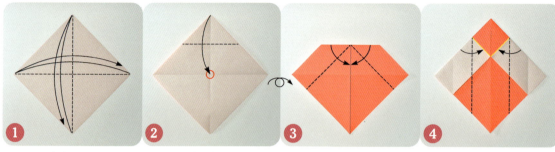

1. カドとカドをあわせて、おりすじをつける。
2. 上のカドを中心点にあわせておる。
3. ウラがえし、上はしをたての中心線にあわせておる。
4. 左右のはしと黄線のフチをそれぞれあわせておる。

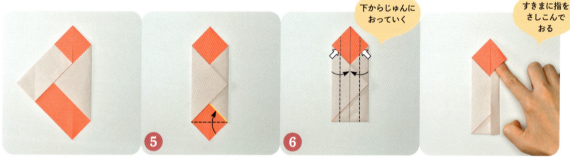

5. かたがわをおったところ。
6. 下のはしと黄線のフチをあわせておる。
7. すきまの中で、左右のはしを中心線にあわせておる。（下からじゅんにおっていく／すきまに指をさしこんでおる）

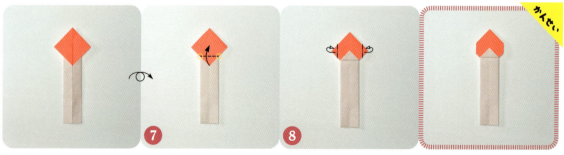

7. おったところ。
8. ウラがえし、カドとカドをむすぶ線でおる。
9. 点線でカドを後ろにおる。
10. 形をととのえる。

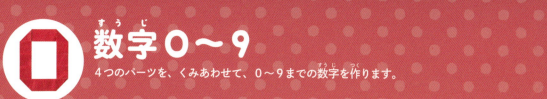

数字0〜9

4つのパーツを、くみあわせて、0〜9までの数字を作ります。

レベル ▲ 2

| よう
い | パーツ1つにつき、おりがみ(3.75×15cm) 1まい | のり | テープ |

数字パーツA

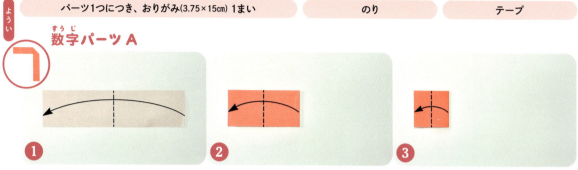

1. 左右のはしをあわせて、半分におる。
2. さらに半分におる。
3. もう一回半分におる。
4. 広げて、上下のはしをあわせて半分におり、のりづけする。
5. 右から5つめのますを点線でおって、のりづけする。

数字パーツB

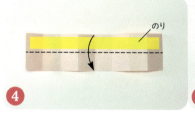

1. Aの下から3つめのますを点線で後ろにおり、のりづけする。

数字パーツC

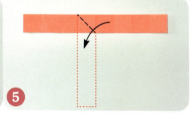

1. Aの❹の、左右3つめのますを点線で後ろにおってのりづけする。

数字パーツD

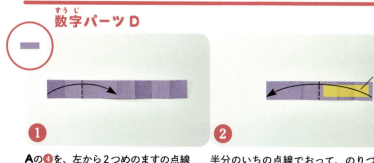

1. Aの❹を、左から2つめのますの点線でおる。
2. 半分のいちの点線でおって、のりづけする。

29

0 1 2 3 4 5 6 7 8 9 数字0～9

0

つかうパーツ
数字パーツ C
2つ

① Cをはりあわせる。

1

つかうパーツ
数字パーツ A
1つ

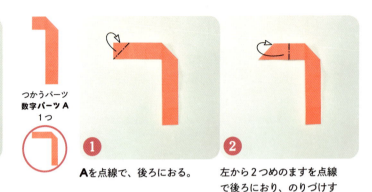

① Aを点線で、後ろにおる。

② 左から2つめのますを点線で後ろにおり、のりづけする。

2

つかうパーツ
数字パーツ B
2つ

① Bの1まいだけむきをかえてならべ、はりあわせる。

② 点線でカドを後ろにおってのりづけする。

3

つかうパーツ
数字パーツ B
2つ

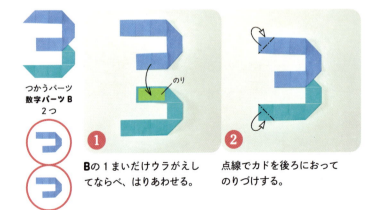

① Bの1まいだけウラがえしてならべ、はりあわせる。

② 点線でカドを後ろにおってのりづけする。

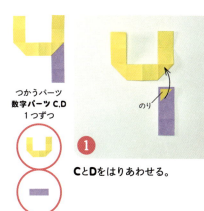

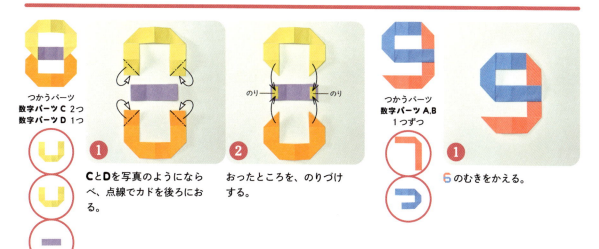

春(はる)

おひなさま ▶ p.34

ひな台(だい) ▶ p.36

ももの花(はな) ▶ p.38

ひなまつり

3月(がつ)3日(か)のひなまつり。
ほっこりするかわいいひな飾(かざ)りとひな台(だい)を作(つく)ります。
ももの花(はな)も、おって切(き)るだけでかんたんに作(つく)れます。

モビールのつるしびな風

リボンやひもなどに、おびな、めびな、
ももの花をはりつければ、
つるしびな風の飾りになります。

おひなさま

ほっぺがあかく、かわいいおびなとめびな。おるのも、とってもかんたんです。立ててもかざることができます。

レベル 1

よう い
- おびな・めびな用おりがみ(15cm×15cm) 各1まい
- ほっぺ用丸シール(8mm) 各2まい
- ペン
- のり

おびな

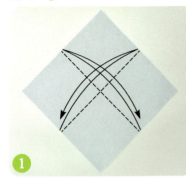

① はしとはしをあわせて、おりすじをつける。

② 左右のはしを中心線にあわせて、おりすじをつける。

③ 左下のはしを中心線にあわせておる。

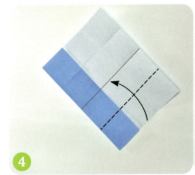

④ はんたいがわも同じようにおる。

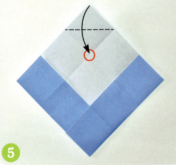

⑤ 上のカドをおりすじのこうさする点に、あわせておる。

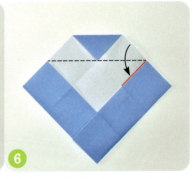

⑥ 右上のはしを赤線のフチにあわせておる。

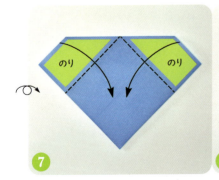

⑦ ウラがえし、おりすじでおって、のりづけする。

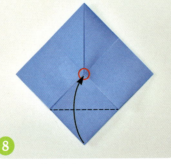

⑧ 下のカドと中心点をあわせておる。

⑨ 上から1cmのいちでおる。

❿ おり目のすぐ下で、おりかえす。

おったところ。

ウラがえし、ペンや丸シールで顔をかく。

めびな

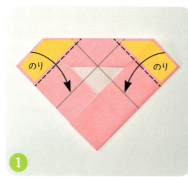

❶ 「おびな」の❻まで同じにおる。左右のはしをおりすじとおりすじの間くらいのいちにあわせており、のりづけする。

❷ 点線で下のカドを後ろにおる。

ペンや丸シールで顔をかく。

アレンジ
立たせてかざろう

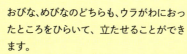

おびな、めびなのどちらも、ウラがわにおったところをひらいて、立たせることができます。
また次ページのひな台にのせてかざると、おりがみのひなかざりに。しっかりと立たせるためには、テープなどでとめましょう。

ひな台

おひなさまをかざる、ひな台。
おひなさまのほかにも、何かをかざるときなどにもつかえます。

レベル ▲2

よう おりがみ（15×15cm）1まい　　のり
い

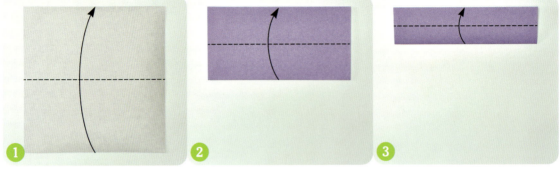

1. 上下のはしをあわせて、半分におる。
2. さらに半分におる。
3. もう一回半分におる。

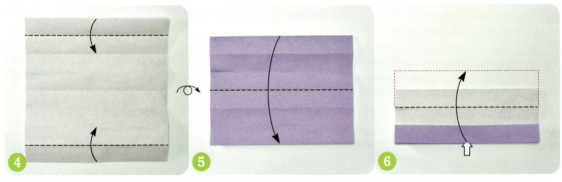

4. 広げて、上下をそれぞれ1つめのおりすじでおる。
5. ウラがえし、上下のはしをあわせて、半分におる。
6. 一番上のおりすじで、1まいだけおりかえす。

7. はしを1まいだけ、おりすじにあわせておる。
8. 上のはしを、一番上のおりすじでおる。
9. おったところ。

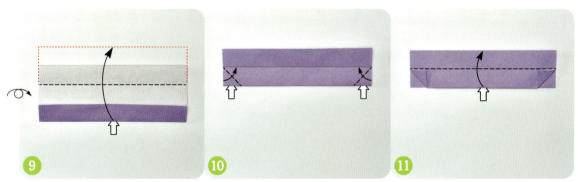

⑨ ウラがえし、一番上のおりすじでおる。

⑩ 左右のはしを1まいだけおりすじにあわせておる。

⑪ 1まいだけおりすじでおる。

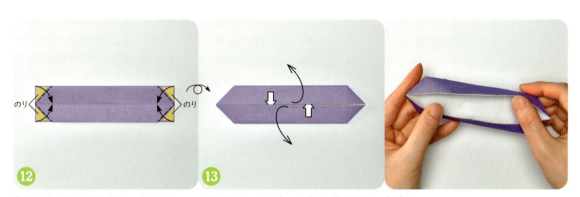

⑫ 中心にあわせてそれぞれのカドをおり、のりづけする。

⑬ ウラがえし、まん中のすきまに指を入れて広げる。

カドが四角くなるように

かんせい

⑭ カドをつまんで形をととのえる。

ウラがえす。

もも の 花

レベル 1

ひなまつりのももの花も、おって、1回切るだけでかんたんに作れます。
おりがみの大きさをかえて作ると、花の大きさのバリエーションも豊富になります。

| よ う い | おりがみ (7.5×7.5cm) 1まい | はさみ | ペン |

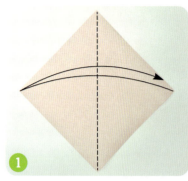

1
左右のカドをあわせて、おりすじをつける。

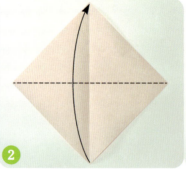

2
点線で、半分におる。

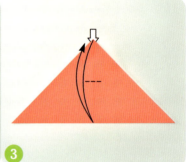

3
カドを1まいだけ下はしにあわせてかるくおり、しるしをつける。

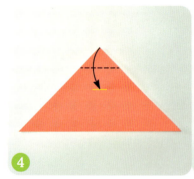

4
カドを、❸でつけたしるしにあわせておる。

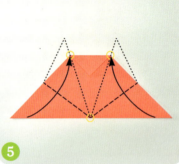

5
下はしの中心をきてんにして、フチをカドにあわせておる。

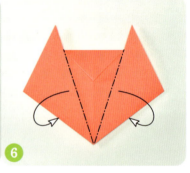

6
フチのいちで、後ろにおる。

7
カドをもどす。

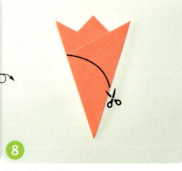

8
ウラがえし、線にそってはさみで切る。

切ったところ。

広げて、中心に花しんをかき入れる。

つかいかた

**大きい、小さいを
くらべてみよう**

おりがみのサイズを 15×15cm、7.5 ×7.5cmなどにかえると、できあがりの大きさもかわります。大きさのちがうものをいっしょにかざると、かわいいです。どこまで小さく作れるかな？

じっさいの
大きさ

作り方 ❽ の
線の入れ方見本

イースター

かわいいたまごと、うさぎが主役のイースター。
カラフルなたまごも作れます。

にわとり ▶ p.42

ひよこ ▶ p.44

てんとう虫ポケット ▶ p.47

にわとり

おりがみの白い部分と、色の部分をつかって、にわとりを作ります。
ちょこんとした、とさかでにわとりらしさが出ます。

レベル 2

よういー おりがみ（15×15cm）1まい　くちばし用丸シール（8mm）½まい

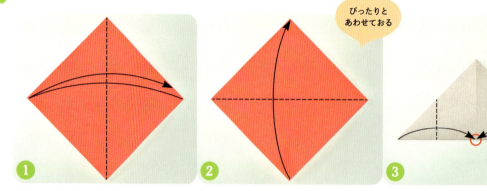

1. 左右のカドをあわせて、おりすじをつける。

2. 上下のカドをあわせて、半分におる。 **ぴったりとあわせておる**

3. カドを、中心のおりすじにあわせておる。

4. ウラがえし、後ろを引き出しながら、フチを中心線にあわせておる。 **後ろをいっしょにおらない**

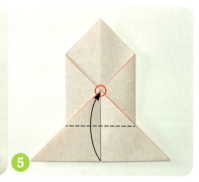

5. 下はしを、中心のカドのいちにあわせておる。

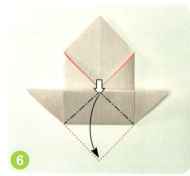

6. 1まい、カドをひらいてつぶす。

ひらいてつぶしているところ。

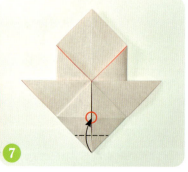

7. 下のカドをおりすじの中央にあわせておる。

しまって
いるところ

⑧ 上のカドを、カドとカドをむすぶ線でおり、うしろの1まいだけすきまにしまう。

⑨ カドを点線でおる。

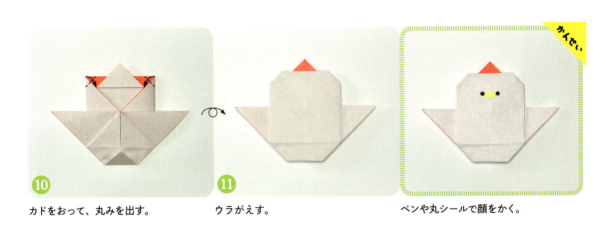

⑩ カドをおって、丸みを出す。

⑪ ウラがえす。

かんせい

ペンや丸シールで顔をかく。

コケコッコー

ぴよ ぴよ

ひよこ

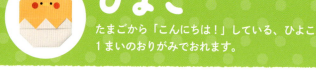

たまごから「こんにちは！」している、ひよこ。
1まいのおりがみでおれます。

よ う い	おりがみ（15×15cm）1まい	くちばし用丸シール(8mm)½まい	ほっぺ用丸シール(8mm)2まい	のり
	ペン			

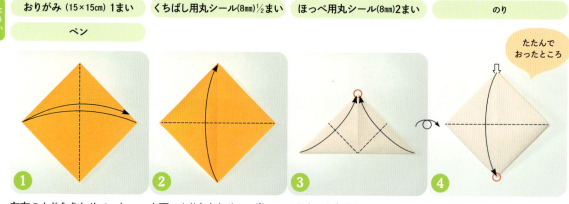

1 左右のカドをあわせて、おりすじをつける。

2 上下のカドをあわせて、半分におる。

3 カドとカドをあわせておる。

4 ウラがえし、上のカドを1まいだけ下のカドにあわせておる。

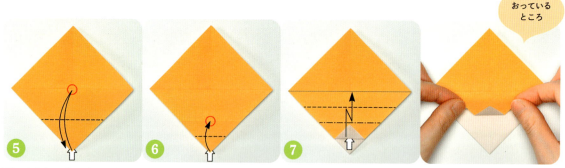

5 下のカドを1まいだけ、まん中のフチにあわせておりすじをつける。

6 下のカドを1まいだけ、おりすじにあわせておる。

7 おりすじをまん中のフチにあわせて、だんおりする。

8 点線でカドを後ろにおり、ういたところをのりづけする。

ペンや丸シールで顔をかく。

イースターエッグうさぎ

イースターのたまごから、ぴょっこりと、顔を出しているかわいいうさぎ。
たまごとうさぎは、とりはずしできます。

レベル ▲2

よ う い	うさぎ用おりがみ (15×15cm) 1まい	イースターエッグ用おりがみ (15×15cm) 1まい
	ほっぺ用丸シール(8mm)2まい	のり	ペン

うさぎ

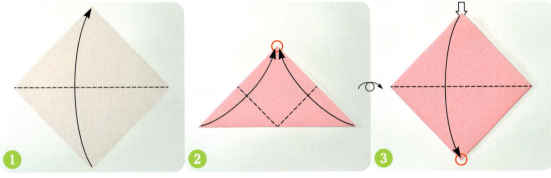

1 うさぎにしたい色を下にしておき、上下のカドをあわせて半分におる。

2 カドとカドをあわせておる。

3 ウラがえし、上のカドを2まいだけ下のカドにあわせておる。

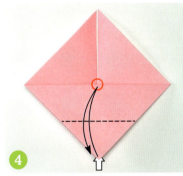
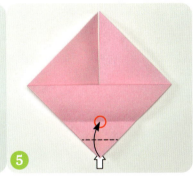
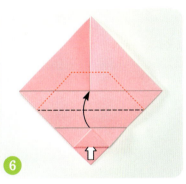

4 下のカドを2まいだけ、まん中のフチにあわせておりすじをつける。

5 下のカドを2まいだけ、おりすじにあわせておる。

6 おりすじを、まん中のフチの線にあわせておる。

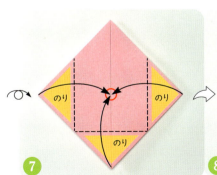

7 ウラがえし、3つのカドを中心にあわせており、のりづけする。

8 カドを外がわに、ひらいてつぶす。

9 上のカドと左右のカドをあわせており、のりづけする。

45

イースターエッグうさぎ

⑩ ウラがえす。

ペンや丸シールで顔をかく。

イースターエッグ

① イースターエッグにしたい色のめんを下にして p.44「ひよこ」と同じにおる。

ぴょん ぴょん

しあげ

イースターエッグに、うさぎをさしこむ。

アレンジ
立たせてかざろう

うさぎの⑦で、下のカドをのりづけしなければ、立ててかざることもできます。
おりがみの色をかえて、いくつか作って、ならべるとイースターのかざりらしくなります。

ここで立たせる！

てんとう虫ポケット

てんとう虫のおなかがポケットになるおりがみです。
おかしなどを入れると、てんとう虫が、ふっくらとして、かわいい形になります。

レベル 2

| よ う い | おりがみ (15×15cm) 1まい | 丸シール(8mm) 5まい | のり | ペン |

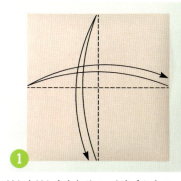

1 はしとはしをあわせて、おりすじをつける。

2 上のカドを、中心点にあわせておる。

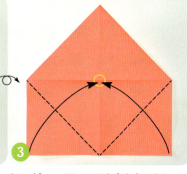

3 ウラがえし、下のカドを中心点にあわせておる。

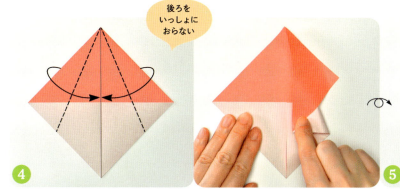

後ろをいっしょにおらない

4 後ろを引き出しながら、はしをまん中のおりすじにあわせておる。

5 ウラがえし、上のカドをおりすじのこうさする点にあわせて、しるしをつける。

6 上のカドを、❺のしるしにあわせておる。

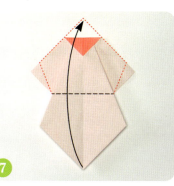

7 まん中のおりすじで、下から上へおる。

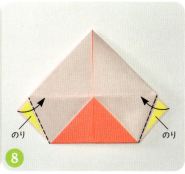

8 フチのいちでカドをおり、のりづけする。

47

てんとう虫ポケット

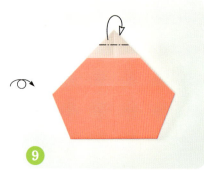
⑨ ウラがえし、点線でカドを後ろにおる。

⑩ カドを4つ後ろにおって丸みを出す。

⑪ 白いめんを、ペンで黒くぬる。

かんせい
ペンや丸シールでもようをかく。

つかいかた

おかしを入れてみよう

ポケットのぶぶんを、かるくひらいて、おかしなどを入れてつかいます。おかしを入れると、ふっくらとして、てんとう虫らしい形になります。りょうめんおりがみをつかうと、中にも色やもようが入ります。もようの丸シールは黒だけでなく、赤や黄色などカラフルなてんとう虫にしてもかわいいです。

さくらの花

ももの花に少し切りこみを入れるだけで、さくらの花に変身。小さなおりがみで作ると、よりさくらの花らしくなります。

レベル 1

よ う い　おりがみ（7.5×7.5cm）1まい　　ペン　　はさみ

❶ p.38の「ももの花」の❽から、さらに線にそってはさみで切る。

広げて、中心に花しんをかき入れる。

つかいかた

大きい、小さいをくらべてみよう

おりがみのサイズをかえて、いろいろな大きさのさくらの花を作ってみましょう。たくさんならべて、お花見しちゃう？

じっさいの大きさ

作り方❶の線の入れ方見本

49

こどもの日

気もちよさそうに、空をおよぐこいのぼりと、
かっこいいかぶとをおりがみで作って、飾ってみましょう。

こいのぼり ▶ p.52

かぶと ▶ p.51

かぶと（伝承作品）

こどもの日に、かかせないかぶと。
新聞紙で作るとかぶることもできます。

レベル 1

ようい おりがみ（15×15cm）1まい

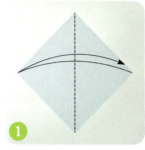

1

左右のカドをあわせて、おりすじをつける。

2

上下のカドをあわせて、半分におる。

3

カドとカドをあわせておる。

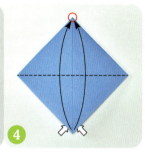

4

下のカドの上の1まいだけ、カドとカドをあわせておる。

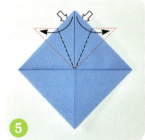

5

点線でななめにおる。

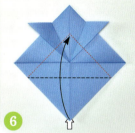

6

下のカドを1まいだけ点線でおる。

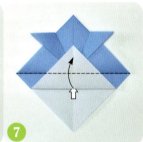

7

フチのいちでおる。

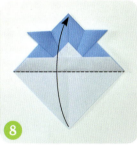

8

カドをフチのいちでおる。

9

おったところ。

おったぶぶんをすきまにしまう。

かんせい

# こいのぼり

2まいのおりがみをくみあわせることで、こいのぼりのうろこを作ります。おりがみの色を、かえればカラフルなこいのぼりに！

レベル
3

| よう
い | おりがみ (15×15cm) 2まい | 目用丸シール①(15mm)1まい | 目用丸シール②(8mm)1まい | のり |

1 はしとはしをあわせて、おりすじをつける。

2 左右のはしを中心線にあわせて、おりすじをつける。

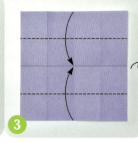

3 上下のはしを、中心線にあわせておる。

後ろをいっしょにおらない

4 ウラがえし、後ろを引き出しながら、はしをまん中のおりすじにあわせておる。

5 おりすじにあわせているところ。

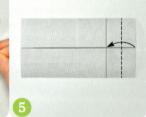

6 右はしを、一番右のおりすじにあわせておる。

7 カドをひらいてつぶす。

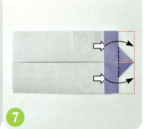

8 ❻でおったところをおさえながら、点線でひらく。

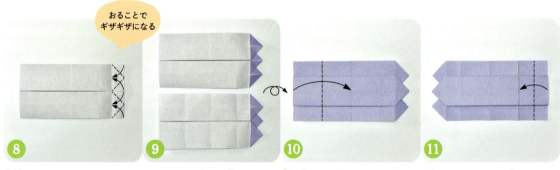

おることでギザギザになる

8 点線でカドをおる。

9 同じものをもう1つ作る。

10 ❾のうち、1まいをウラがえしておき、一番左のおりすじでおる。

11 もう1まいもウラがえして写真の向きでおき、右はしを一番右のおりすじにあわせておる。

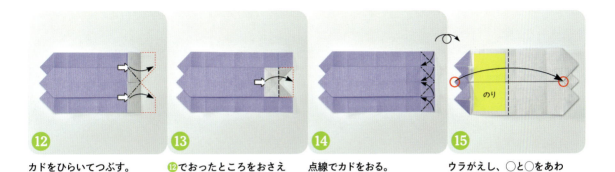

⑫ カドをひらいてつぶす。

⑬ ⑫でおったところをおさえながら、点線でひらく。

⑭ 点線でカドをおる。

⑮ ウラがえし、○と○をあわせており、のりづけする。

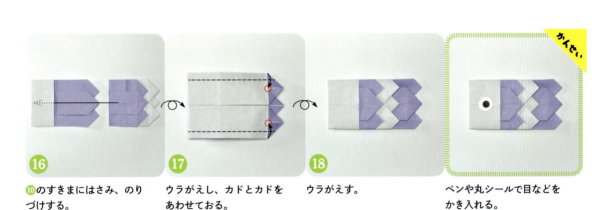

⑯ ⑩のすきまにはさみ、のりづけする。

⑰ ウラがえし、カドとカドをあわせておる。

⑱ ウラがえす。

ペンや丸シールで目などをかき入れる。

アレンジ

小さいこいのぼり

11.25×11.25㎝（15㎝の¾サイズ）のおりがみで作ると、かわいい子どものこいのぼりになります。小さいこいのぼりは、目の大きさも小さくしましょう。
作りたい大きさになるよう、すきなサイズのおりがみをえらびましょう。
また、2まいのおりがみの色をかえると、体の色がカラフルになります。

梅雨(つゆ)

雨(あめ)ばかりの梅雨(つゆ)も、かわいいカエルや
おたまじゃくしたちがいたら楽(たの)しくすごせるかも。
晴(は)れをねがって、てるてるぼうずも
おりがみで作(つく)ってみましょう。

かさ ▶ p.61

ハスの葉(は) ▶ p.56

おたまじゃくし ▶ p.58

ハスの葉

カエルがのりそうな、プカプカとうかぶ、ハスの葉。
いくつか作ってならべたり、サイズちがいで作るのもかわいいです。

レベル ▲▲ 2

ようい おりがみ（7.5×15cm）1まい

1. 左右のはしをあわせて、おりすじをつける。
2. 左右のはしを上はしにあわせておる。
3. ウラがえし、後ろを引き出しながら、左右のはしをまん中のおりすじにあわせておる。

後ろをいっしょにおらない

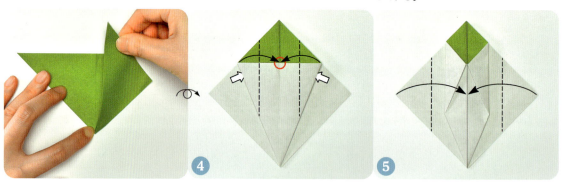

4. 後ろを引き出しながらおっているところ。
5. ウラがえし、カドとカドをあわせておる。
6. 左右のカドをまん中のおりすじにあわせておる。

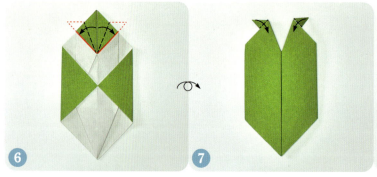
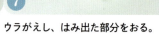

6. まん中のフチと赤線のフチをあわせておる。
7. ウラがえし、はみ出た部分をおる。

おったところ。

カドはバランスを見ながらおる

⑦でおったぶぶんをすきまにしまう。

⑨ カドを後ろにおって、丸みを出す。

むきをかえる。

アレンジ
くきをつけてみよう

できたハスの葉に、くきをつけてみましょう。
葉っぱのカサにみえるかな？

おりがみ（10×1.875cm）1まい

のり

① 左右のはしをあわせて、おりすじをつける。

② 左右のはしを中心線にあわせておる。

③ 中心線でおり、のりづけする。

葉のウラがわに、くきをのりづけする。

おたまじゃくし

小さいおりがみで、小さなおたまじゃくしを作ります。
目をかくときは、白いペンをつかいましょう。

レベル ▲▲ 3

よういするもの　おりがみ（7.5×7.5cm）1まい　　ペン

※わかりやすいように15×15cmのおりがみをつかっています。

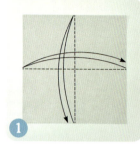

1. はしとはしをあわせて、おりすじをつける。

2. カドを中心点にあわせておる。

3. 下のカドを中心点にあわせて、おりすじをつける。

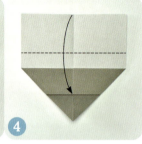

4. 上はしをおりすじにあわせておる。

5. ウラがえし、ななめのフチをまん中のおりすじにあわせておる。

しっぽになるぶぶんなのでとがらせる

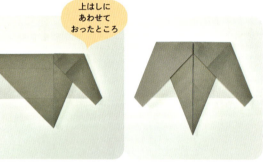

ういたところを、赤線の上はしにあわせて、つぶしておる。

上はしにあわせておったところ

左右、同じようにおった形。

6. 下のはしと赤線のフチをあわせておる。

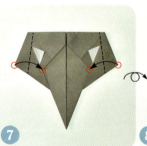

7. ○と○をあわせておる。

8. ウラがえし、点線でカドを後ろにおって、丸みを出す。

かんせい

ペンなどで目をかく。

# カエル

ぴょんぴょんとはねるカエルは、p.45のうさぎと
とちゅうまで同じ作り方です。口のかきかたで表情がかえられます。

レベル
2

よういするもの
- おりがみ（15×15cm）1まい
- 目用丸シール(5mm)2まい
- ほっぺ用丸シール(8mm)2まい
- のり
- ペン

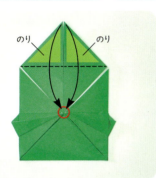

1

p.45「イースターエッグうさぎ」の「うさぎ」⑧まで同じにおる。カドを中心点とあわせており、のりづけする。

2

ウラがえし、カドを後ろにおる。

バランスを
ととのえる

かんせい

ペンや丸シールで顔をかく。

おるときのコツ

先までしっかりと、おる

先までぴったりとあわせておると、
かんせいしたときに、とてもきれい
にしあがります。
おりがみのきほんで、だいじなポイント
です。

先まで
しっかり

ケロ
ケロ
ケロ

てるてるぼうず

晴れをねがうてるてるぼうずは、おりがみでも作れます。
まどなどにはって、「明日、天気になーれ！」

レベル

2

ようい　おりがみ (15×7.5cm) 1まい　　ほっぺ用丸シール(8mm) 2まい　　ペン

1　上下のはしをあわせて、おりすじをつける。

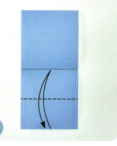
2　下はしを中心線にあわせて、おりすじをつける。

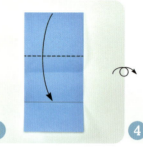
3　上はしを、2でつけたおりすじにあわせておる。

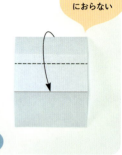
4　ウラがえし、後ろを引き出しながら、フチを下のおりすじにあわせておる。

後ろをいっしょにおらない

5　ウラがえし、カドをおりすじにあわせて、おりすじをつける。

引き出しているところ。

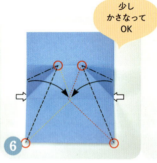
6　おりすじにそってカドをひらき、○と○をむすぶ線でおってつぶす。

少しかさなってOK

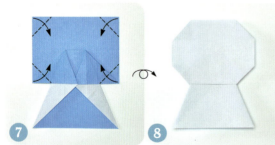
7　カドをおって、丸みを出す。

8　ウラがえす。

かんせい

ペンや丸シールで顔をかく。

かさ

こんなカサがあったらいいなとおりがみで作ってみましょう。
すきなカサで、雨の日も明るい気もちになれるかも。

レベル ▲2

よ う い	生地用おりがみ (7.5×15cm) 1まい	もち手用おりがみ (15×1.875cm) 1まい
	のり	

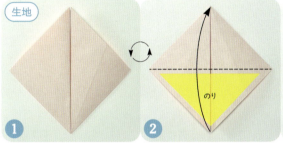

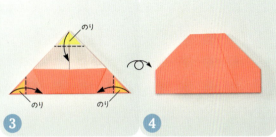

1 色のめんを上にしておき、p.56の「ハスの葉」の③まで同じようにおる。

2 まわして、上下のむきをさかさまにし、上下のカドをあわせており、のりづけをする。

3 点線でカドをおり、のりづけする。

4 ウラがえす。

④で半分におりやすくなる

1 はしとはしをあわせて、上下、左右ともにおりすじをつける。

2 下はしをおりすじにあわせており。

3 ウラがえし、左右のはしを、中心線のやや外がわにあわせており。

4 中心線で半分におり、のりづけする。

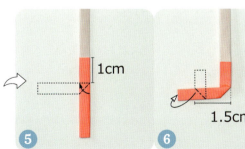

5 上の色のついたフチから、1cmくらいのいちでおる。

6 右のカドから1.5cmくらいのいちで後ろにおる。

生地の上から、もち手の先が出るようにはる。

かんせい

61

たんざくしおり ▶ p.71

七夕
たなばた

1年に1度だけ会える、おりひめとひこ星。
ねがいごとを書くたんざくや、ササの葉のモチーフの
わ飾りなど、七夕飾りもおりがみで
楽しむことができます。

ひこ星 ▶ p.67

ササの葉ガーランド ▶ p.70

おりひめ ▶ p.64

星 ▶ p.68

おりひめ

七夕の日にだけ会える、おりひめとひこ星は、ならべてかざりましょう。
おりひめのはごろもは、ふわっとしてうつくしくしあがります。

レベル
3

よう い	顔用おりがみ(15×15cm) 1まい	体用おりがみ(15×15cm) 1まい	おび用おりがみ(1×7.5cm) 1まい	はごろも用おりがみ(15×3.75cm) 2まい
	かみ用おりがみ(1.875×7.5cm) 1まい	ほっぺ用丸シール(8mm) 2まい	ペン	のり

顔

1 上下のカドをあわせて、半分におる。

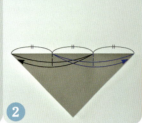

2 フチをS字におって、3とうぶんのいちで、しるしをつける（じょうぎで、7cmずつはかってもOK）。

3

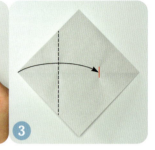

3 広げて、左のカドを右のしるしにあわせておる。

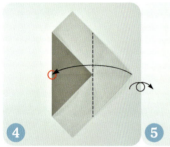

4 右のカドを○にあわせておる。

5 ウラがえし、カドとカドをむすぶ線でおる。

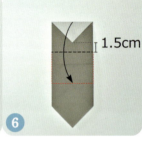

6 いまおったカドから1.5cm下のいちで、上から下へおる。

7 点線でカドを、後ろにおる。

8 ペンや丸シールで顔をかく。

かみ ※わかりやすいように 3.75 × 15cm のおりがみをつかっています。

後ろはいっしょにおらない

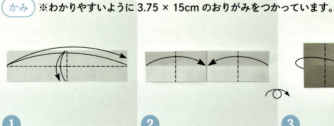

1 はしとはしをあわせておりすじをつける。

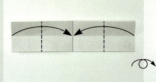

2 左右のはしを中心線にあわせておる。

3 ウラがえし、後ろを引き出しながら、フチをまん中のおりすじにあわせておる。

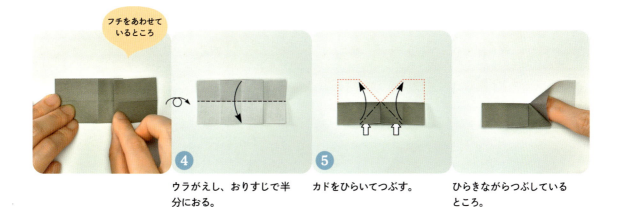

フチをあわせているところ

4 ウラがえし、おりすじで半分におる。

5 カドをひらいてつぶす。

ひらきながらつぶしているところ。

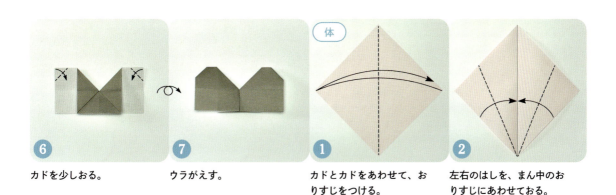

6 カドを少しおる。

7 ウラがえす。

体

1 カドとカドをあわせて、おりすじをつける。

2 左右のはしを、まん中のおりすじにあわせておる。

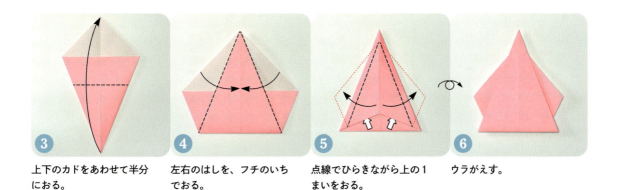

3 上下のカドをあわせて半分におる。

4 左右のはしを、フチのいちでおる。

5 点線でひらきながら上の1まいをおる。

6 ウラがえす。

おりひめ

7 おび用おりがみをかさね、はみ出たところをすきまにおりこんでのりづけする。

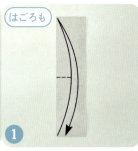

はごろも

1 上下のはしをあわせて、しるしをつける。

2 下はしを、しるしにあわせておりすじをつける。

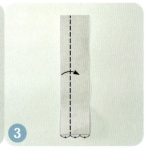

3 横はばの1/3のいちで、おってのりづけする。

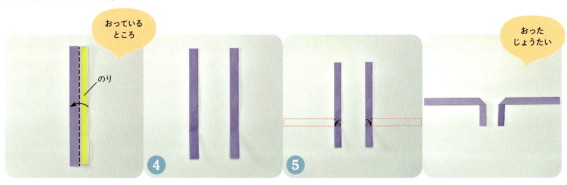

4 同じものをもう1つ作る。

5 内がわのフチを、おりすじにあわせておる。

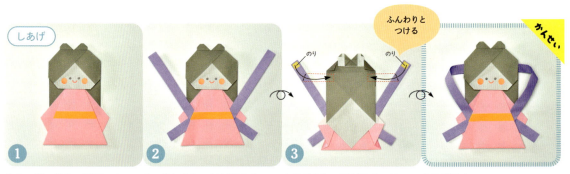

しあげ

1 かみ、顔、体を、写真のようにはりあわせる。

2 りょうわきに、はごろもをはさんで、はりあわせる。

3 ウラがえし、はごろものはしをかるくまげて、頭にはりあわせる。

ふんわりとつける

かんせい

ウラがえす。

ひこ星

おりひめと、とちゅうまで同じおりかたです。
かみもひこ星らしくまとめます。

レベル
▲▲3

よう い	顔用おりがみ(15×15cm) 1まい	体用おりがみ(15×15cm) 1まい	おび用おりがみ(1×7.5cm) 1まい	かみ用おりがみ(3.75×3.75cm) 1まい
	ほっぺ用丸シール(8mm) 2まい	ペン	のり	

顔

1 「おりひめ」の「顔」❺から、下のカドを上はしの○にあわせておる。

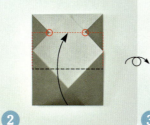

2 下はしを○のカドのいちにあわせておる。

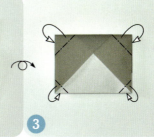

3 ウラがえし、写真のむきにして、カドを後ろにおる。

4 ペンや丸シールで顔をかく。

かみ

1 はしとはしをあわせて、おりすじをつける。

2 上はしを中心線にあわせて、おりすじをつける。

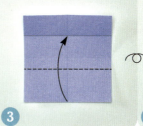

3 下はしを、❷のおりすじにあわせておる。

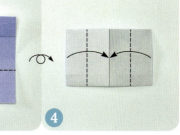

4 ウラがえし、左右のはしを中心線にあわせておる。

5 ウラがえし、カドを後ろにおる。

おったところ。

しあげ

かみ、顔、体（おりひめと同じ）を写真のようにはりあわせる。

 # 星
ほし

星の形を、1まいのおりがみから作ることができます。
おりがみの大きさをかえて作ると大小さまざまな大きさの星ができます。

レベル
▲
▲
2

よういり おりがみ（15×15cm）1まい　　のり

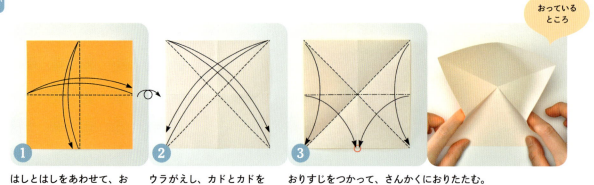

1 はしとはしをあわせて、おりすじをつける。

2 ウラがえし、カドとカドをあわせておりすじをつける。

3 おりすじをつかって、さんかくにおりたたむ。

おっているところ

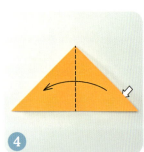 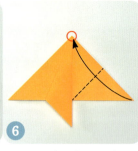 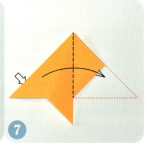

4 右から左に、1まいめくる。

5 左のはしを1まいだけ、おりすじにあわせておる。

6 下のカドと上の○のカドをあわせておる。

7 左から右に2まいめくる。

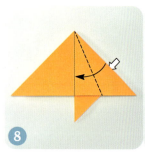   

8 右のはしを1まいだけ、おりすじにあわせておる。

9 下のカドと上の○のカドをあわせておる。

10 右から左に1まいめくる。

11 後ろを引き出しながら、フチをおりすじにあわせておる。

後ろはいっしょにおらない

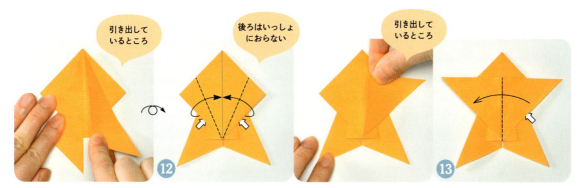

⑫ ウラがえし、後ろを引き出しながらフチをおりすじにあわせておる。

⑬ 右から左に1まいめくる。

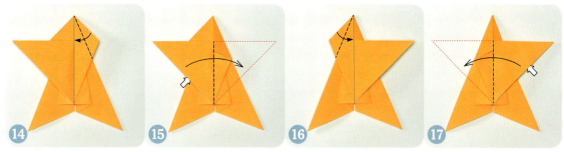

⑭ 右上のはしをおりすじにあわせておる。

⑮ 左から右に2まいめくる。

⑯ 左上のはしをおりすじにあわせておる。

⑰ 右から左に1まいめくる。

ウラがえして、ういたところをのりづけする。

かんせい

きら きら

ササの葉ガーランド

レベル 1

わかざりに、ササの葉の形にしたわっかをつけて、ガーランドにしました。新しい七夕かざりにいかがですか？

| よういおりがみ(15×1.875cm) すきな数 | のり |

ガーランド

1 はしにのりをぬって、わっかにしてはりあわせる。

2 ①のわに、①と同じように、のりをぬったおりがみを通し、わっかにしてはりあわせる。

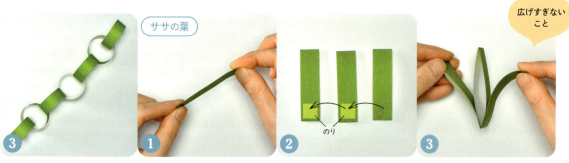

ササの葉

3 同じように、わをすきな長さになるまでつなぐ。

1 「ガーランド」①と同じわをつぶして平らにする。

2 同じものを3こ作り、下はしにのりをぬってかさねてはる。

3 わをかるく広げて形をととのえる。

広げすぎないこと

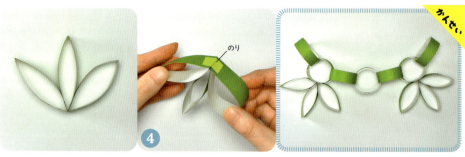

ととのえたところ。

4 ササの葉のそこにのりをぬる。

ガーランドのわっかにすきなだけはりつける。

かんせい

たんざくしおり

ねがいごとをかくたんざくは、しおりにもなります。
ねがいごとをかいてササにかざったり、すきな絵をかいて、しおりにしたりしてみましょう。

レベル 1

ようい
- おりがみ（15×15cm）1まい
- わごむ、こより、糸など 1本
- のり
- あなあけパンチ

1 下はしを 1.5cmおる。

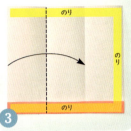

2 横のはばを3等分しておりすじをつける（じょうぎで5cmずつはかってもOK）。

3 のりをぬり、おりすじでおってはりあわせる。

4 ウラがえし、上にあなあけパンチなどで、あなをあける。

あなにわごむなどを通してむすぶ。

かんせい

もようのあるおりがみ

おった作品をはるのもおすすめ！

つかいかた

ねがいをこめたしおり

作ったたんざくしおりを、本にはさんで、しおりとしてつかってみましょう。
すきな色のおりがみで作ったり、小さくおった星（p.68）をはってみたり、お気に入りのしおりを作りましょう。
すてきなしおりができたら、プレゼントにしてもいいですね。

スイカ ▶ p.73

かきごおり ▶ p.76

つめたいおやつ

夏は、つめたーいかきごおりや、スイカがおいしい季節。
おさらにならべると、あそびも広がります。

スイカ

切り方によって形のかわるスイカをバリエーションで作ります。
赤い実、みどりのかわ、それぞれ作ってあわせます。

レベル 2

ようい： 実用おりがみ(15×15cm) 1まい　　かわ用おりがみ(15×15cm) 1まい　　のり　　ペン

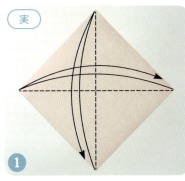

【実】

1. カドとカドをあわせて、おりすじをつける。
2. カドを中心点にあわせておる。
3. カドを中心点にあわせてしるしをつける。

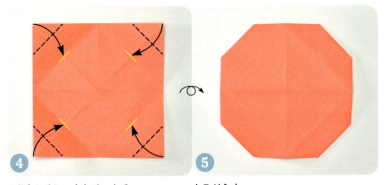

4. カドをしるしにあわせておる。
5. ウラがえす。

【かわ・しあげ】

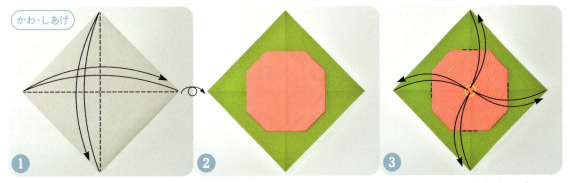

1. カドとカドをあわせて、おりすじをつける。
2. ウラがえし、実をかさね、おりすじをそろえて、のりづけする。
3. カドを中心にむけておりながら、実のフチのいちでしるしをつける。

 スイカ

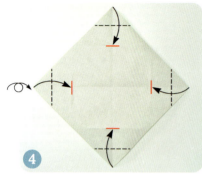

④ ウラがえし、カドをしるしにあわせておる。

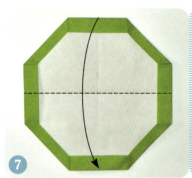

⑤ はしをしるしにあわせておる。

⑥ カドと○のカドをあわせておる。

⑦ おりすじで、半分におる。

ペンでタネをかき入れる。

しっかりと立つよ！

かざりかた

夏らしいかざりに！

かんせいしたスイカは、立ててかざることができます。実を、黄色いおりがみで作ってみても、かわいいですね。
小さいサイズのおりがみでおると、小さいスイカになります。p.71のたんざくしおりにはると、夏にぴったりのしおりのできあがりです。

さんかくスイカ

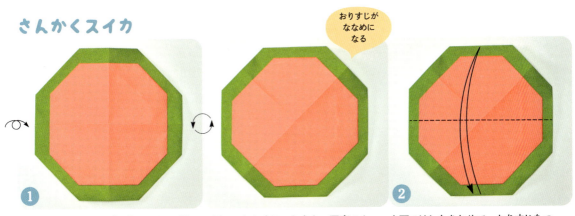

① スイカ（かわ・しあげ）⑥からウラがえし、回しておりすじのむきを、写真のようにする。

おりすじがななめになる

② 上下のはしをあわせて、おりすじをつける。

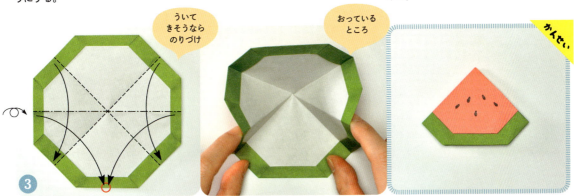

ういてきそうならのりづけ

おっているところ

③ ウラがえし、おりすじをつかっておりたたむ。

ペンでタネをかき入れる。

かんせい

かきごおり

夏の定番のかきごおり。おりがみの色をかえると、いろいろなシロップに見立てたかきごおりを作ることができます。

レベル 2

よういかきごおり用おりがみ（15×15㎝）1まい　　スプーン用おりがみ（7.5×1.875㎝）1まい

のり

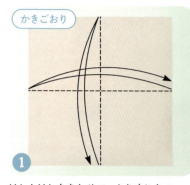

1 はしとはしをあわせて、おりすじをつける。

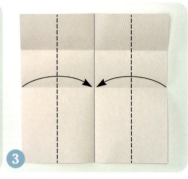

2 上はしを中心線にあわせて、おりすじをつける。

3 左右のはしを中心線にあわせておる。

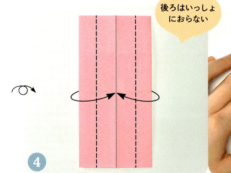

4 ウラがえし、後ろを引き出しながらフチを中心線にあわせておる。

後ろはいっしょにおらない

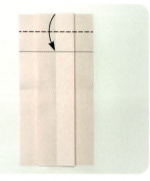

5 ウラがえし、上はしを一番上のおりすじにあわせておる。

6 カドをひらいてつぶす。

ひらいてつぶしているところ。

7 ⑥でおったところをおさえながら、点線でひらく。

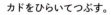

⑧ 点線でカドをおる。

⑨ 一番上のおりすじでおる。

⑩ 下はしを、カドの1cmくらい下にあわせておる。

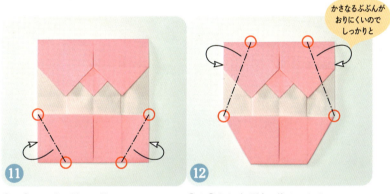

⑪ ○と○をむすぶ線で、後ろにおる。

⑫ ○と○をむすぶ線で後ろにおる。

かさなるぶぶんがおりにくいのでしっかりと

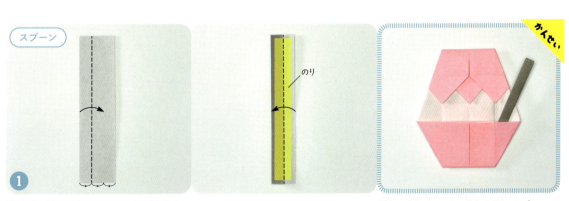

スプーン

① 横はばの1/3のいちでおってのりづけする。

のり

ポケットになっているところにスプーンをさしこむ。

かんせい

秋

まんげつと雲とうさぎ ▶ p.79

お月見だんごと三方 ▶ p.80

ススキ ▶ p.84

お月見

きれいな月をながめるお月見。
お月見のモチーフをおりがみで作ってみましょう。
月にいるうさぎもいっしょにおります。

まんげつうさぎポケット ▶ p.82

まんげつと雲とうさぎ

雲がかかるまんげつと、うさぎ。お月見をしているのかな？
スイカの実と同じように作ることができます。

レベル 2

| よういまんげつ用おりがみ(11.25×11.25cm) 1まい | 雲用おりがみ(7.5×7.5cm) 1まい | うさぎ用おりがみ(15×15cm) 1まい |
| ほっぺ用丸シール(8mm) 2まい | のり | ペン |

まんげつ ／ 雲

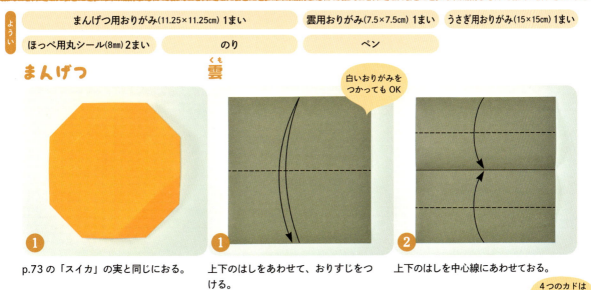

1 p.73の「スイカ」の実と同じにおる。

1 上下のはしをあわせて、おりすじをつける。

白いおりがみをつかってもOK

2 上下のはしを中心線にあわせておる。

3 ウラがえし、はしとはしをあわせておる。

4 おったところ。

4 ウラがえし、カドを後ろにおる。

4つのカドは同じくらいの大きさに

うさぎ

1 p.45の「イースターエッグうさぎ」のうさぎをおる。

まんげつ、雲、うさぎをくみあわせる。

かんせい

お月見だんごと三方

お月見だんごは、神さまへのおそなえものといわれています。
三方の上におだんごを、きれいにならべてみましょう。

レベル ▲2

よう い	だんご用おりがみ（3.75×3.75cm）6まい	三方用おりがみ（7.5×7.5cm）1まい
	のり	

だんご

1. p.73の「スイカ」の実と同じにおる。

2. 同じものを6つ作る。

3. 3つを、写真のようにはりあわせる。

　見やすいように
　だんごの色を
　かえています

　かさねる
　じゅんばんが
　大事

4. のこりのだんごのうち2つを、写真のようにはりあわせる。

5. のこり1つを写真のようにはりあわせる。

おるときのコツ
カドの丸みをつける

丸くするためにカドをおるときは、はじめに少しずつおって、おりすじをつけます。そのあと、全体のバランスを見ながらおるいちをきめて、しっかりとおります。

三方(さんぼう)

※わかりやすいように15×15cmのおりがみをつかっています。

1 左右のはしをあわせて、半分におる。

2 左右のはしをあわせて、まん中にしるしをつける。

3 広げて、上下のはしをあわせて半分におる。

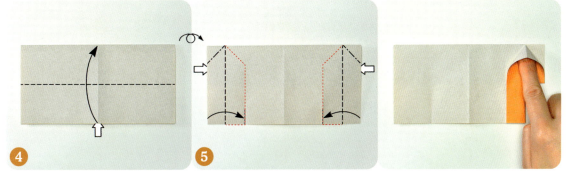

4 1まいだけ、下から上はしにあわせておる。

5 ウラがえし、左右のはしをしるしにあわせており、ういたカドをつぶす。

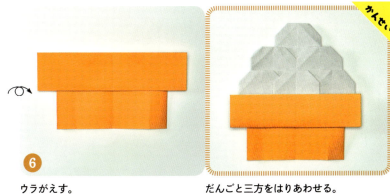

6 ウラがえす。

だんごと三方をはりあわせる。

かんせい

まんげつうさぎポケット

まんげつの中に入ったうさぎ。
ポケットになっているので、おかしなどを入れることもできます。

レベル
▲
▲ 2

| よう | おりがみ（15×15cm）1まい | ほっぺ用丸シール（8mm）2まい | のり | ペン |

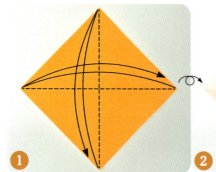

1. カドとカドをあわせて、おりすじをつける。

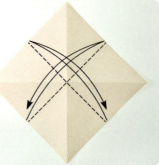

2. ウラがえし、はしとはしをあわせて、おりすじをつける。

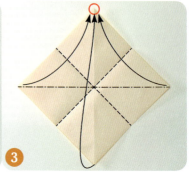

3. 3つのカドを上のカドにあつめながら、おりすじをつかって、おりたたむ。

おりたたんでいるところ。

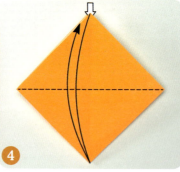

4. 上のカドを1まいだけ、下のカドにあわせておりすじをつける。

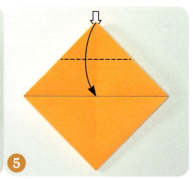

5. カドを1まいだけ、まん中のおりすじにあわせておる。

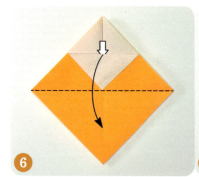

6. フチを1まい、まん中のおりすじでおる。

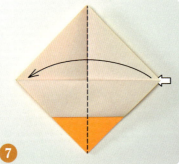

7. 右から左に1まいめくる。

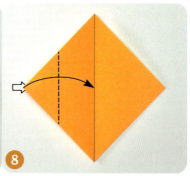

8. カドを1まいだけ、まん中のおりすじにあわせておる。

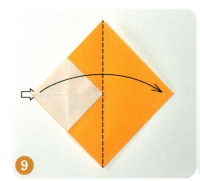
⑨ 左から右に2まいめくる。

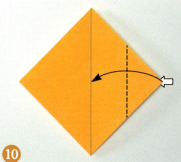
⑩ カドを1まいだけ、まん中のおりすじにあわせておる。

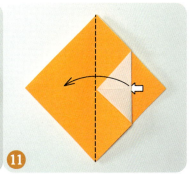
⑪ 右から左に1まいめくる。

⑫ 上のカドを左右それぞれ○のカドにあわせて、後ろのすきまにおる。

いったん手前におるとおりやすい

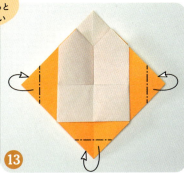
⑬ 点線でカドを後ろにおり、のりづけする。

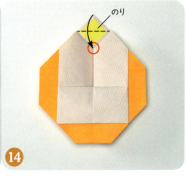
⑭ 上のカドと○のカドをあわせており、のりづけする。

のり

かんせい
ペンや丸シールで顔をかく。

つかいかた
ひみつのポケット

何を入れる？

月とうさぎのあいだがポケットになっているので、おかしや、おりたたんだ小さな手紙などを入れることができます。
うすいものが入れやすいです。

ススキ

お月見にかざるススキもおりがみで作れます。
お月見だんごといっしょにかざりましょう。

レベル ▲▲ 3

よういｉ おりがみ（15×3.75cm）1まい　　のり

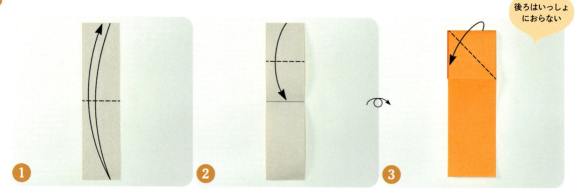

1. 上下のはしをあわせて、おりすじをつける。
2. 上はしをおりすじにあわせておる。
3. ウラがえし、後ろを引き出しながら、フチを左はしにあわせておる。（後ろはいっしょにおらない）

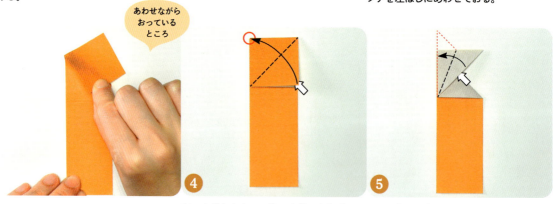

4. 右のカドを1まい、○のカドにあわせておる。（あわせながらおっているところ）
5. フチと左はしをあわせておる。

6. フチと左はしをあわせておる。（おりすじがススキのほになる）
7. ④〜⑥まで、おったところを広げる。
8. ウラがえし、左右のはしをあわせておりすじをつける。

⑨ 左はしをまん中のおりすじにあわせておる。

⑩ そのまま、まくように、2回おってのりづけする。

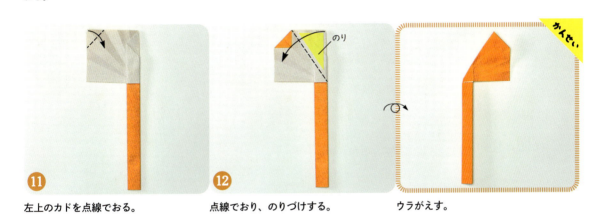

⑪ 左上のカドを点線でおる。

⑫ 点線でおり、のりづけする。

ウラがえす。

かんせい

きれいな まんげつ

秋の森

葉っぱが赤や黄色などに色づく秋。
おち葉にはよく見ると、
虫さんが食べたあとが！
ふくろうも、敬老の日にあわせて
作ってみてもいいですね。

どんぐり ▶ p.88

どんぐり

ころんとかわいい、どんぐり。
どんぐりのぼうしも、実も1まいのおりがみで作ることができます。

レベル 1

よ う い　おりがみ（15×15cm）1まい　　のり

1
左右のカドをあわせて、おりすじをつける。

2
上下のカドをあわせて、半分におる。

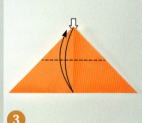

3
上のカドを1まいだけ、下はしにあわせておりすじをつける。

4
上のカドを1まいだけ、おりすじにあわせておる。

5
上のはしを1まいだけ、おりすじでおる。

少しだけ出す

6
少しだけ上のカドが出るように、フチを上にずらしておる。

7
○のカドのいちで後ろにおる。

8
ウラがえし、カドに指を入れながらひらき、おりすじとはしの線をあわせておる。

カドをひらいているところ

9
はんたいがわも、7と8と同じようにおる。

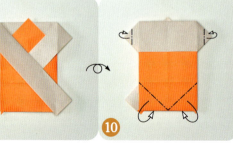

10
ウラがえし、点線でカドを後ろにおる。

かんせい

ういたところをのりづけする。

おち葉

レベル 1

葉っぱのすじをおりすじで作って、ほんもののようにあらわしています。
すきな色でおって、紅葉を楽しみましょう。

よう い おりがみ（すきなサイズ）½まい

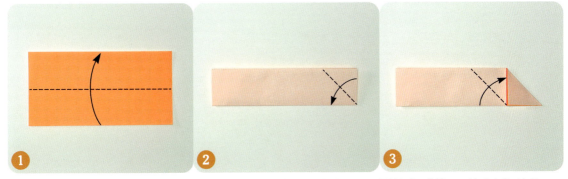

1. 上下のはしをあわせて、半分におる。
2. 右はしを、下はしにあわせておる。
3. 下はしを、赤線のフチにあわせておる。

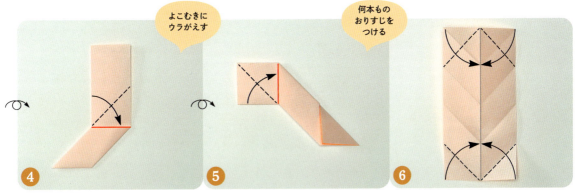

よこむきにウラがえす

何本ものおりすじをつける

4. ウラがえして写真のむきにし、左はしを赤線のフチにあわせておる。
5. ウラがえして写真のむきにし、下はしを赤線のフチにあわせておる。
6. 写真のむきで広げ、カドを中心線にあわせておる。

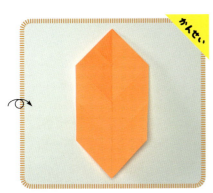

ウラがえす。

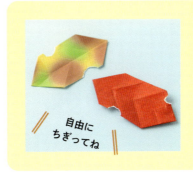

自由にちぎってね

アレンジ
虫さんが食べちゃった？

作ったおち葉のすきなところを、一部手でちぎると、虫くいのあとのようになります。
大きいあな、小さいあななどすきな大きさにちぎってみましょう。

89

きのこ

にょきにょきっと顔を出すきのこたち。
いろいろな色でおって、もようをかいてみましょう。

レベル ▲▲ 2

よう
い

おりがみ(15×15cm) 1まい　　のり　　丸シール(8mm) すきな数

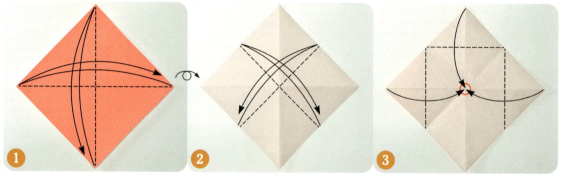

1 カドとカドをあわせて、おりすじをつける。

2 ウラがえし、はしとはしをあわせて、おりすじをつける。

3 3つのカドを中心点にあわせておる。

4 おりすじをつかって、写真のようにおりたたむ。

おると正方形になる

5 ウラがえし、カドが中心線より少しはみ出るように1まいだけおる。

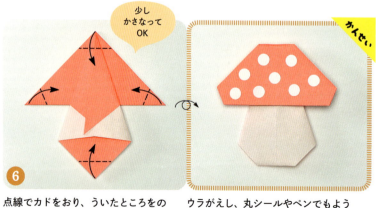

少しかさなってOK

6 点線でカドをおり、ういたところをのりづけする。

ウラがえし、丸シールやペンでもようをかく。

かんせい

アレンジ

かわいいきのこちゃん

きのこに、目や口などをかくと、キャラクターのようになります。すきな顔をかきましょう。

ふくろう

知恵としあわせのモチーフのふくろう。
「敬老の日」のおくりものにもぴったりです。

レベル 1

よう い	おりがみ（15×15cm）1まい	目用丸シール①（8㎜）2まい	目用丸シール②（5㎜）2まい	のり
	ペン			

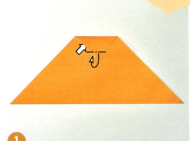

1 p.38の「ももの花」❹まで同じにおり、点線でカドを1まいだけ後ろにおる。

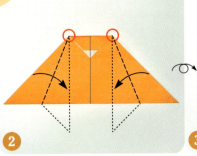

くちばしになるぶぶん

2 ○のカドをきてんにして、おりすじと平行におる。

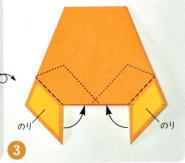

3 ウラがえし、フチを赤線の下はしにあわせており、のりづけする。

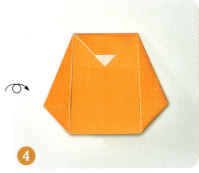

4 ウラがえす。

かんせい

ペンや丸シールで顔をかく。

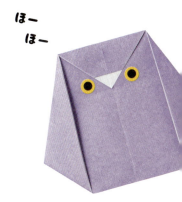

ほー
ほー

アレンジ
メッセージを書いてみよう

ふくろうのおなかに、メッセージを書くこともできます。
メッセージをかいて、敬老の日のプレゼントにそえるのもいいですね。
文字を書きやすい色のおりがみでおるのが、おすすめです。

ハロウィン

オバケとカボチャ、まじょたちのハロウィン！
しにがみが出てくると、ちょっとこわいかな？
おかしをくばるのにもぴったりな、ハロウィンのおりがみです。

カボチャのキャンディーカバー ▶ p.100

オバケとカボチャ ▶ p.94

しにがみ ▶ p.98

まじょのぼうしとねこ ▶ p.96

オバケとカボチャ

カボチャから、ちょこんと顔を出したようなオバケ。
ふたりでだれかをおどかそうとしてるのかな？

レベル
▲
2

おりがみ（15×15cm）1まい　　ペン

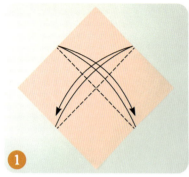

1 はしとはしをあわせて、おりすじをつける。

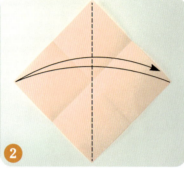

2 左右のカドをあわせて、おりすじをつける。

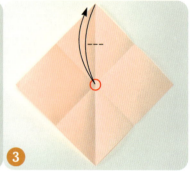

3 上のカドを中心点にあわせて、しるしをつける。

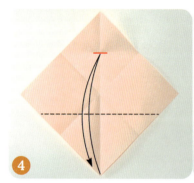

4 下のカドをしるしにあわせて、おりすじをつける。

5 下のカドを中心点にあわせて、しるしをつける。

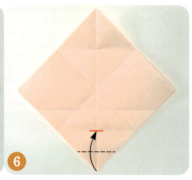

6 下のカドを、❺でつけたしるしにあわせておる。

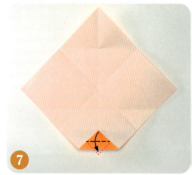

7 カドが下はしから少し出るようにおりかえす。

8 ❹でつけたおりすじでおる。

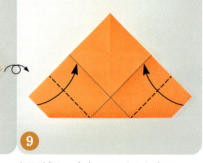

9 ウラがえし、左右のはしをおりすじにあわせておる。

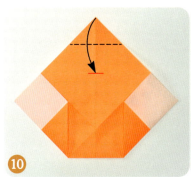
⑩ カドをしるしにあわせておる。

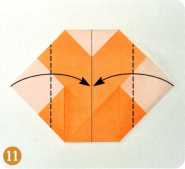
⑪ 左右のカドを中心線にあわせておる。

線にあわせるとカドがでる

⑫ フチとフチをあわせて、おりかえす。

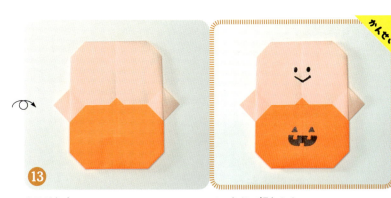
⑬ ウラがえす。

ペンなどで顔をかく。

おるときのコツ
おりすじにあわせておるコツ

おりすじにあわせてまっすぐおるときは、おらないほうを、かべをつくるように立ててみましょう。
立てることで、おりすじがよりわかりやすくなり、ぴったりときれいにあわせることができます。

かべをつくる

 # まじょのぼうしとねこ

ねこにまじょのぼうしをかぶせてハロウィンらしくします。
ぼうしのサイズを小さくして、ちょこんとかわいくのせましょう。

レベル 2

よう	まじょのぼうし用おりがみ (5×5cm) 1まい	ねこ用おりがみ (15×15cm) 1まい
い	のり	ペン

まじょのぼうし ※わかりやすいように 15 × 15cmのおりがみをつかっています。

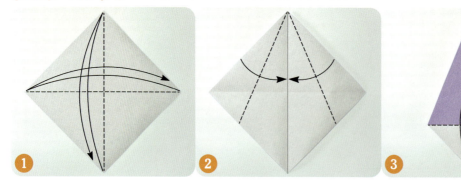

1. カドとカドをあわせて、おりすじをつける。
2. はしを中心線にあわせておる。
3. フチのいちで、下のカドをおる。

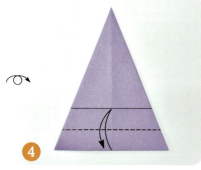
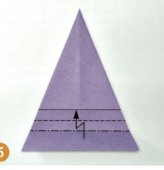

山おり線とおりすじをあわせる

4. ウラがえし、下はしをおりすじにあわせて、おりすじをつける。
5. ❹でつけたおりすじを、一番上のおりすじにあわせてだんおりする。

おったところ。

にゃー

ねこ

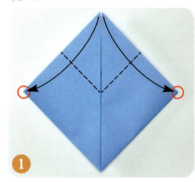

1 p.45の「イースターエッグうさぎ」の「うさぎ」の❻まで同じにおりウラがえし、カドとカドをあわせておる。

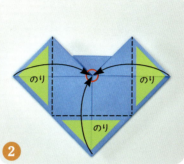

2 カドとカドをあわせており、ういたところをのりづけする。

3 カドを外がわにひらいて、つぶす。

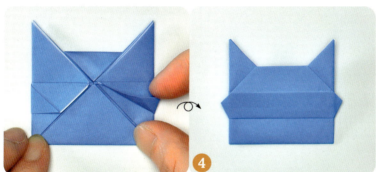

4 つぶしているところ。 ウラがえす。

5 ペンなどで顔をかく。

ねこの頭に、まじょのぼうしをはる。

つかいかた
立たせてかざる

「ねこ」の❷で、下のカドだけのりづけをしないでおくと、あとから立ててかざることもできます。
ぼうしがない、ふつうのねこをいろいろな色のおりがみでおっても楽しいですね。

ここで立たせる！

 # しにがみ

カマをもった、ちょっとこわいしにがみも、おりがみで作るとなんだかかわいらしくなります。

レベル ▲ 2

よ う い	顔・体用おりがみ（15×15cm）2まい	カマ用おりがみ（15×1.875cm）1まい
	目・鼻用丸シール（8mm）2まい　のり	はさみ　ペン

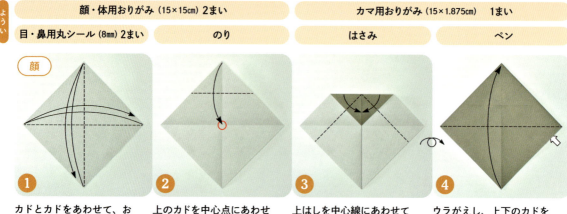

1 カドとカドをあわせて、おりすじをつける。

2 上のカドを中心点にあわせておる。

3 上はしを中心線にあわせておる。

4 ウラがえし、上下のカドを1まい、あわせておる。

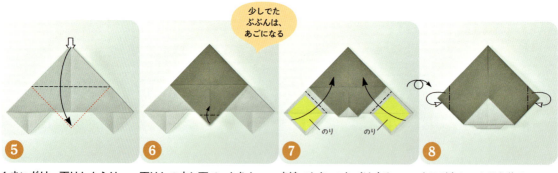

少しでたぶぶんは、あごになる

5 1まいだけ、下はしからはみ出るようにおる。

6 下はしの少し下で、おりかえす。

7 点線でおり、のりづけする。

8 ウラがえし、カドを後ろにおる。

9 目・鼻用丸シールを赤い線で切る。

10 小さい方の丸シールを、さらに半分に切る。

11 切った丸シールを目・鼻にはり、ペンで顔をかく。

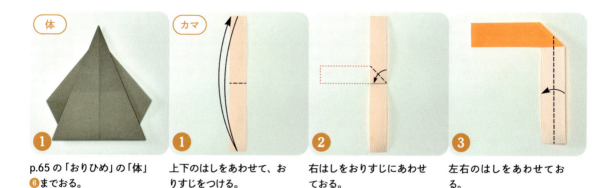

1. p.65の「おりひめ」の「体」❻までおる。
1. 上下のはしをあわせて、おりすじをつける。
2. 右はしをおりすじにあわせておる。
3. 左右のはしをあわせておる。

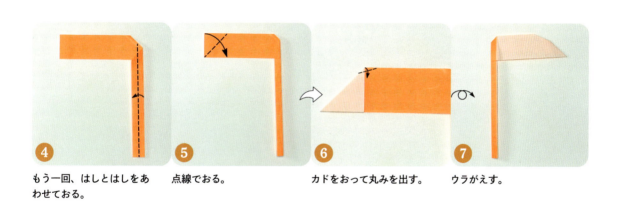

4. もう一回、はしとはしをあわせておる。
5. 点線でおる。
6. カドをおって丸みを出す。
7. ウラがえす。

顔と体をはりあわせたあと、カマを体にはりつける。

カボチャのキャンディーカバー

キャンディーにかぶせられるカバーで、キャンディーがカボチャにへんしん！
かわいいカバーつきキャンディーは、プレゼントにもよろこばれます。

レベル

よういするもの おりがみ（15×15cm）1まい　　ペン

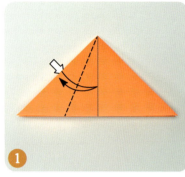

1. p.68の「星」の❸まで同じにおり、はしを1まいだけ中心線にあわせておりすじをつける。

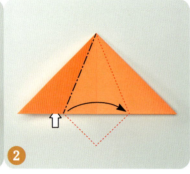

2. おりすじにそって、カドをひらいてつぶす。

指を入れてひらき、中心をそろえているところ。

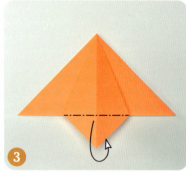

3. フチのいちで後ろにおり、一番下のすきまにしまう。

4. 下はしと赤線のフチをあわせて、おりすじをつける。

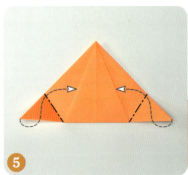

5. おりすじにそって、カドを内がわにおりこむ（中わりおり）。

※右がわは2まいいっしょにおりこむ。

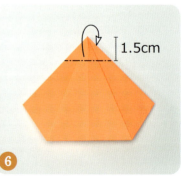

6. 上のカドを1.5cmくらい後ろにおる。

❼ カドの先が、上はしから少しだけ出るようにおりかえす。

❽ 左右のカドを、後ろにおる。

ペンで顔やメッセージをかく。

おしゃれなキャンディーに

つかいかた
キャンディーを入れてみよう

カボチャをぼうつきキャンディーにかぶせてつかいます。
キャンディーのぼうにリボンをむすぶと、カボチャのちょうネクタイのようになり、かわいらしさもアップします。

トリック オア トリート！

クリスマス

ツリーとベルを飾ったら、
サンタとトナカイがくるかな!?
クリスマスらしい飾りで
いっぱいにしてみましょう。

シンプルツリー ▶ p.106

コロンとサンタ

コロンとしたかわいいサンタさん。
大きなおひげがすてきです。

レベル 1

よういするもの

| おりがみ (15×15cm) 1まい | 鼻用丸シール(8mm) 1まい | ぼうし用丸シール(8mm) 2まい | のり |

ペン

1 左右のカドをあわせて、おりすじをつける。

2 上下のカドをあわせて、半分におる。

3 カドを1まいだけ、上はしにあわせておりすじをつける。

4 上はしをおりすじにあわせておる。

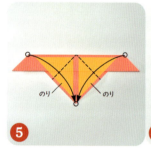

5 ○のカドとカドをあわせており、のりづけする。

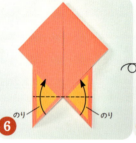

6 点線でおり、のりづけする。

7 ウラがえし、上下のカドを1まいだけあわせておりすじをつける。

8 カドを1まいだけ、おりすじにあわせておる。

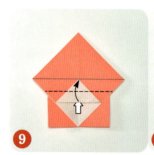

9 フチをおりすじにあわせておる。

10 フチをおりすじでおる。

11 点線でカドを後ろにおる。

かくどをそろえる

かんせい

ペンや丸シールで顔をかく。
※ぼうしのシールはウラからもはりあわせると、はがれにくくなる

 # ベル

クリスマスの夜_{よる}に、リンリンとなるベルの音_{おと}。
おりがみでおって、かざってみましょう。

 レベル 1

よ**うい** おりがみ（7.5×7.5cm）1まい　のり

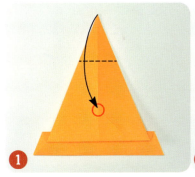

1 p.96の「まじょのぼうし」の❺まで同じにおりウラがえし、カドと○のカドをあわせておる。

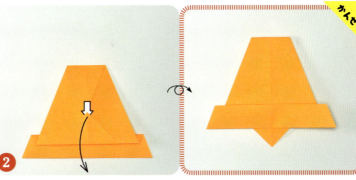

2 カドを下にひらく。

ウラがえして、ういたところをのりづけする。

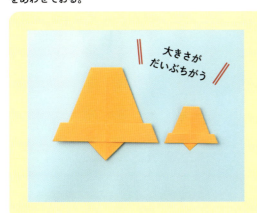

大きさがだいぶちがう

つかいかた
サイズちがいを作ってみましょう

おりがみのサイズをかえれば、できあがるベルのサイズもかわります。大きなベルは、15×15cm。小さなベルは、7.5×7.5cmでそれぞれおりました。
できあがりの大きさも、こんなにちがいます。作りたい大きさになるように調整してみましょう。

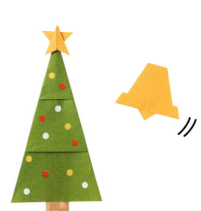

シンプルツリー

シンプルな形のクリスマスツリー。
おり目を入れて、ツリーの形をあらわしました。

レベル 2

よういするもの
- 葉用おりがみ(15×7.5cm) 1まい
- みき用おりがみ(7.5×7.5cm) 1まい
- じょうぎ
- のり

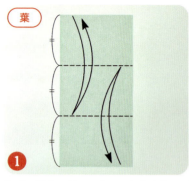

1 たての長さの1/3のいちで、おりすじをつける（じょうぎで5cmずつはかってもOK）。

2 左右のはしをあわせて、しるしをつける。

だんおりで葉っぱが重なったようになる

3 ウラがえし、上のおりすじをつまんで5mmほど下にずらしてだんおりをする。

4 下のおりすじも同じようにおる。

5 ウラがえし、○と○をむすぶ線でおる。

6 じょうぎをあてるとおりやすい。

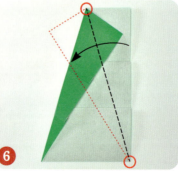

6 はんたいも同じようにおる。

7 はみ出たカドを後ろにおり、すきまにしまってのりづけする。

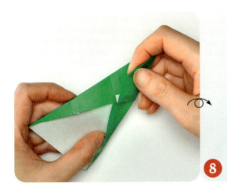
すきまにしまっているところ。

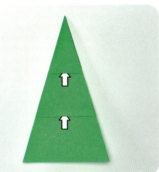
❽ ウラがえし、すきまを指で広げる。

指で広げているところ。

みき

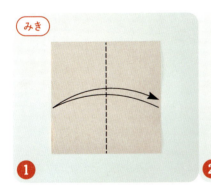
❶ 左右のはしをあわせて、おりすじをつける。

❷ 左右のはしを中心線にあわせておる。

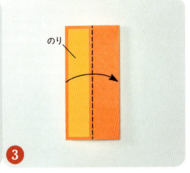
のり

❸ おりすじで、半分におってのりづけする。

葉とみきをはりあわせる。

キラキラツリーに!

アレンジ
ツリーのかざりつけをしよう

ツリーに、カラフルな丸シールをはったり、すきな絵をかいたりして、かざりつけしてみましょう。
上にp.68の星を小さいサイズのおりがみでおったものをはりつけると、星がひかる、キラキラクリスマスツリーに!

コロンとトナカイ

かわいいすがたのトナカイは、コロンとサンタとセットでかざると、よりクリスマスらしくなります。これからみんなにプレゼントをとどけにいくのかな？

ちょっとむずかしい

レベル 3

よう	おりがみ（15×15cm）1まい	鼻用丸シール(8mm)1まい	のり	ペン

❶ 左右のはしをあわせて、おりすじをつける。

❷ 上下のはしをあわせて、半分におる。

❸ さらに半分におる。

❹ 広げて、下はしを、いちばん上のおりすじにあわせておる。

❺ 色のついた上のフチをいちばん下のおりすじでおる。

❻ ❺でおったところのすぐ下で、だんおりになるようにおりあげる。

❼ 色のついた上のフチを上のおりすじにあわせて、ぜんたいのおり目をずらす。

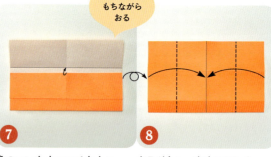

だんおりをもちながらおる

❽ ウラがえし、左右のはしをまん中のおりすじにあわせておる。

❾ 点線のフチのいちで上からおる。

❿ 赤線のフチをまん中のおりすじにあわせておる。

下のカドの上の1まいを引っぱる

⓫ かた手でおりがみをおさえながら、カドをつまんで、上のほうへ引き出す。

上に引き出すと重なっていた下の1まいが体になるぶぶんに、しまいこまれる。

⑫ すきまをひらいて、おり目がカドにくるようにつぶしておる。

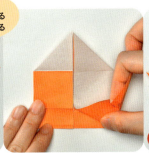
カドをつぶしているところ。

⑬ すきまの中で左右のフチを中心にあわせておる。

おっているところ。

⑭ まん中のフチと青線のフチをあわせておる。

⑮ フチを○のカドにあわせておる。

⑯ 右のフチをおりすじのこうさする○にあわせておる。

⑰ 右はしから少しはみ出るようにおりかえす。

⑱ はんたいも同じようにおり、ういたところをのりづけする。

⑲ ウラがえし、カドを後ろにおる。

ペンや丸シールで顔をかく。

だるまポケット ▶ p.114

おもち ▶ p.112

ポチぶくろ ▶ p.111

お正月
しょうがつ

ぷっくりしたおもちに、かわいい顔をかきました。
だるまはポケットになっているので、おかしを入れたり、
お正月らしい飾りを入れたりしてもいいですね。

ポチぶくろ

リボンでとじたような形のポチぶくろ。中には、なにを入れようかな？
がら入りのおりがみでおるのもすてきです。

レベル 2

| よういするもの | おりがみ(15×15cm) 1まい | のり |

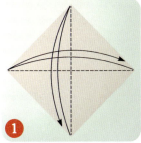

① カドとカドをあわせて、おりすじをつける。

② カドを中心点にあわせて、しるしをつける。

③ 左右のカドを、しるしにあわせておりすじをつける。

④ 左右のカドをおりすじにあわせておる。

⑤ おりすじでおる。

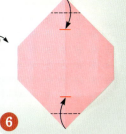

⑥ ウラがえし、上下のカドをしるしにあわせておる。

⑦ 上下のはしを中心線にあわせておる。

⑧ 左右のはしを、中心線にあわせておる。

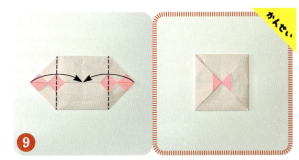

⑨ カドを中心であわせる。

つかいかた

中にものを入れてみよう！

中にものを入れたら、リボンの形の部分をのりづけしましょう。
ポチぶくろなので、こぜにを入れたり、手紙や小さなおかしなどを入れることもできます。おかしであればうすいものが、入れやすいです。

広げて入れるよ！

おもち

ぷっくりふくらんだかわいいおもち。
てっぺんに、ちょっとこげめをかければ、おいしそうに見えます。

レベル
3

| よ う い | おりがみ(15×7.5cm) 1まい | ほっぺ用丸シール(8mm) 2まい | ペン |

❶ 左右のはしをあわせて、おりすじをつける。

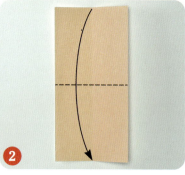

❷ 上下のはしをあわせて、半分におる。

❸ 上の1まいだけ、下はしを上はしにあわせておりすじをつける。

後ろをいっしょにおらない

❹ ○の上はしを、まん中のおりすじにあわせておる。後ろはいっしょにおらず、上にめくり上がった形になる。

後ろの下はしが上はしになる

❺ カドを、ウラがわにあるフチのいちにあわせて、おりすじをつける。

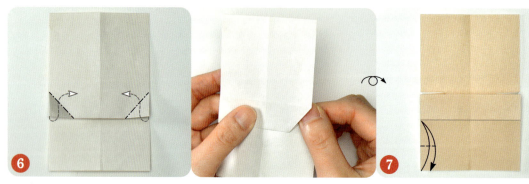

❻ おりすじにそって、カドを内がわにおりこむ（中わりおり）。

❼ ウラがえし、下はしをおりすじにあわせて、しるしをつける。

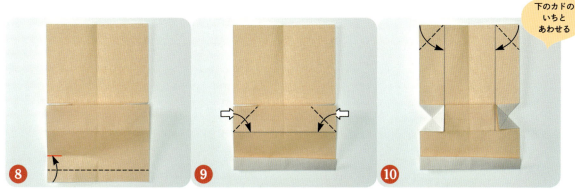

⑧ 下はしを、しるしにあわせておる。

⑨ 左右のはしをおりすじにあわせておる。

⑩ 点線でカドをおる。

下のカドのいちとあわせる

⑪ 赤線のはしとはしをあわせて、中心線のいちまでおりすじをつける。

おりすじをつけているところ

⑫ 下はしの中心をきてんにして、カドをおりすじにあわせておる。

おりすじで中心をきめる

⑬ ウラがえし、カドを少しだけ後ろにおって丸みを出す。

ペンでおもちのカドの線を、ペンや丸シールで、やき目や顔をかく。

かんせい

だるまポケット

だるまのおなかが、ポケットになっています。
小さなおかしなどを入れてプレゼントすると、福のおすそわけにもなりそうですね。

ようい	おりがみ(15×15cm) 1まい	ほっぺ用丸シール(8mm) 2まい	ひげ用丸シール(8mm) 1まい
	のり	ペン	はさみ

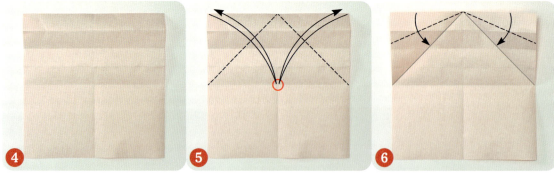

1 はしとはしをあわせて、おりすじをつける。

2 上はしを中心線にあわせておる。

3 上はしをフチにあわせておる。

4 いったん、広げる。

5 カドを中心点にあわせて、おりすじをつける。

6 上はしを5でつけたおりすじにあわせておる。

7 上はしをおりすじでおる。

8 カドをいちばん上のおりすじにあわせておる。

9 いちばん上のおりすじでおり、のりづけする。

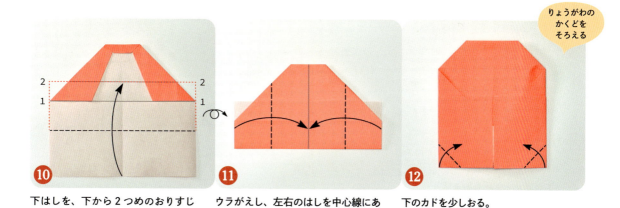

⓵⓪ 下はしを、下から2つめのおりすじにあわせておる。

⓵⓵ ウラがえし、左右のはしを中心線にあわせておる。

⓵⓶ 下のカドを少しおる。

りょうがわのかくどをそろえる

⓵⓷ ウラがえす。

半分に切った丸シールをひげにしてはり、ペンや丸シールで顔や文字などをかく。

かんせい

つかいかた

立てたり、小もの入れにしたり！

おなかの部分がポケットになっているので、小さいおかしや、手紙やメモを入れることもできます。

ポケットに！

立てられる！

下はしを後ろにおると、立ててかざることもできます。

115

せつぶん

みんなが健康(けんこう)にすごせるようにねがって豆(まめ)まきをするせつぶん。
おりがみでこんなにかわいいおにが作(つく)れます。

おたふく ▶ p.119

おに ▶ p.118

えほうまき ▶ p.120

おにの豆入れ ▶ p.122

おに

「おには外！ふくは内！」。かわいいおにさんなら、内に入れたくなるかも？

レベル 2

よう い	おりがみ(15×15cm) 1まい	目用丸シール(5mm) 2まい	ほっぺ用丸シール(8mm) 2まい	のり
	ペン			

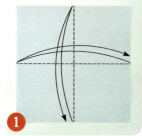
① はしとはしをあわせて、おりすじをつける。

② 上下のはしを中心線にあわせておる。

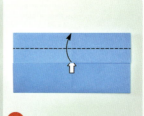
③ まん中のフチを、上はしにあわせておる。

④ カドをフチにあわせておる。

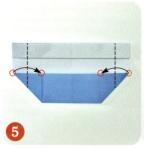
⑤ ○のカドとカドをあわせておる。

⑥ はしとはしをあわせておる。

⑦ ○のカドをつまんで上に引き出す。

⑧ 引き出しているところ。

⑧ はしと赤線のはしをあわせており、ういたところをのりづけする。

⑨ ウラがえす。

かんせい
ペンや丸シールで顔をかく。

アレンジ

おりがみや、あつがみをつかって、頭にかぶるわっかを作れば、おめんとしてつかえます。

おたふく

ふっくらとした顔立ちがかわいいおたふくさん。
おにとセットにして作りましょう。

レベル 1

よ う い	おりがみ(15×15cm) 1まい	目用丸シール(5mm) 2まい	ほっぺ用丸シール(8mm) 2まい	のり
	ペン			

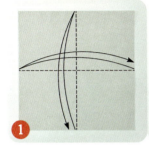

1 はしとはしをあわせて、おりすじをつける。

2 上はしを中心線にあわせて、おりすじをつける。

3 カドをおりすじにあわせておる。

4 上はしを中心線にあわせておる。

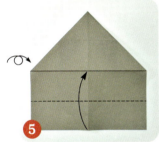

5 ウラがえし、下はしをおりすじにあわせておる。

6 カドをフチにあわせておる。

7 カドを○にあわせておる。

8 カドと○のカドをあわせておる。

9 点線でおり、ういたところをのりづけする。

10 ウラがえす。

ペンや丸シールで顔をかく。

 # えほうまき

えんぎのいい方向をむいて、食べて、福をよぶえほうまき。おりがみで作ってみましょう。

レベル

ようい おりがみ（15×15cm）1まい　丸シール（15mm）すきな数　のり

1. カドとカドをあわせて、中心にしるしをつける。

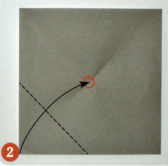

2. 左下のカドを中心点にあわせておる。

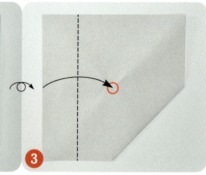

3. ウラがえし、左はしを中心点にあわせておる。

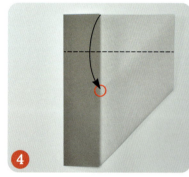

4. 上はしを中心点にあわせておる。

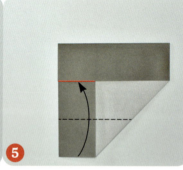

5. 下はしを赤線のフチにあわせておる。

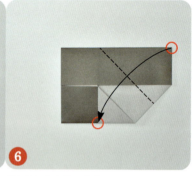

6. ○を○にあわせておる。

7. カドを○のフチにあわせておる。

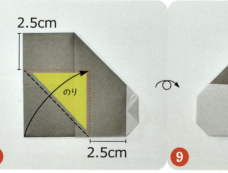

8. カドから2.5cmのいちでおり、のりづけする。

9. ウラがえし、点線でカドを後ろにおる。

ごはんとのりのかくどをそろえる

ペンや丸シールで具をかく。

なにをまく？

アレンジ

**えほうまきの具を
いろいろかえてみよう**

丸シールの色をかえたり、ペンで絵でかいてみたりすると、いろいろな種類のえほうまきになり、せつぶんパーティーらしくなります。

①→おりがみを四角に切ってはる
②→丸シールの色をかえてはる
③→色えんぴつなどでかいたもの
④→丸シールのあわい色のものをはる

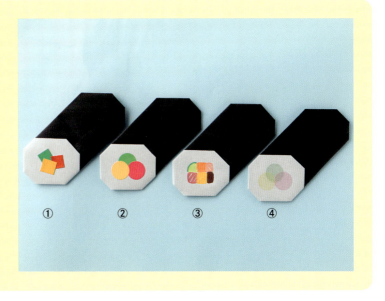

おにの豆入れ

伝承作品の豆入れに、おにの顔をつけました。
せつぶんの豆を入れて、豆まきをしよう！

レベル 3

よういするもの　おに用おりがみ（7.5×7.5cm）1まい　　ます用おりがみ（15×15cm）1まい　　ほっぺ用シール（8cm）2まい　　のり

1 p.118の「おに」を7.5cmサイズのおりがみで作る。

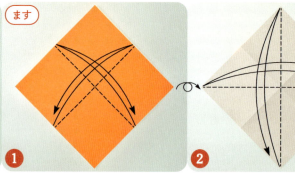

1（ます）はしとはしをあわせて、おりすじをつける。

2 ウラがえし、カドとカドをあわせておりすじをつける。

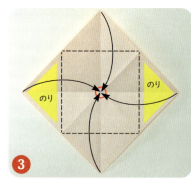

3 4つのカドを中心点にあわせており、左右のカドだけのりづけする。

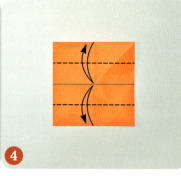

4 上下のはしをおりすじにあわせており、おりすじをつける。

5 上下のカドだけひらく。

6 左右のはしを、中心線にあわせておりすじをつける。

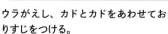
左右の○を指でおしこむ

7 おりすじをつかって、おりたたむ。

おりたたんでいるところ。

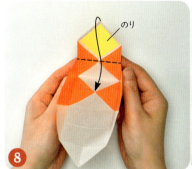

⑧ フチのいちでおり、のりづけする。

⑨ はんたいがわも同じようにおり、のりづけする。

ますのできあがり。

ますにおにをはりつける。

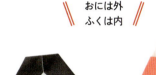

アレンジ
おたふくの豆入れ

p.119のおたふくを7.5×7.5cmサイズのおりがみで作り、ますにはると「おたふくの豆入れ」になります。
おにとおたふくの2つの豆入れを作ってみましょう。
新聞紙をつかうと、大きなますを作ることもできます。

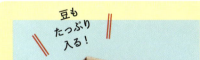

# シンプルリース

シンプルなリースに作った作品をいろいろならべてはりましょう。
イベントや季節ごとにリースを作って、かざるのも楽しいです。

レベル
2

よう
い　おりがみ (7.5×15cm) 8まい　　のり

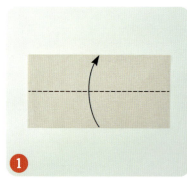
1
上下のはしをあわせて、半分におる。

2
右はしを上はしにあわせておる。

3
同じものをぜんぶで8こパーツを作る。

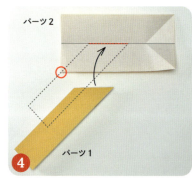
4
パーツ1を写真の向きにウラがえし、パーツ2を広げて、おりすじとカドにあわせてかさねる。

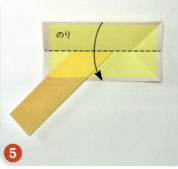
5
おりすじでおり、はりあわせる。

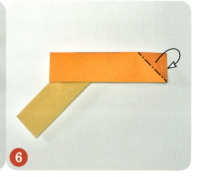
6
カドをおりすじで後ろにおる。

7
おったところ。

のこりのパーツも、同じようにつなげる。

8
ウラがえし、はしを、赤線のフチにあわせてそれぞれおってのりづけする。

ウラがえす。

すきな色で作ってね!

アレンジ
葉っぱのリース

p.89のおち葉をはりあわせると、リースにできます。

おりがみ（10×5cm）8まいで作ります。左右の葉っぱのスジのむきをV字にそろえ、左がわの葉の上のカドに、右がわの葉の左下のカドをあわせてはりあわせていきます。

これをくりかえして、リースの形にしたら、その上に作品をはりましょう。

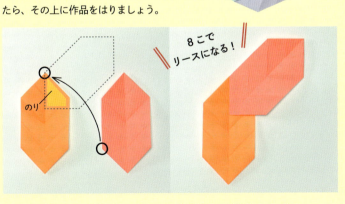

8こでリースになる！

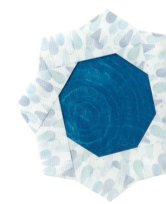

オリジナルリースを作ってみよう！

シンプルリースに、作った作品をならべてはって自分だけのリースを作ってみましょう。
リースのおりがみの色をかえると、全体の雰囲気もかわります。

アレンジ

おりがみに、かざる作品をのせてみて、作品がはっきりと見える色をえらぶのがおすすめです。梅雨リースのように、ウラがわにおりがみをはると、中心ぶぶんにもかざることができます。

たんじょう日リース

葉っぱのリースに、ろうそくと数字をかざったたんじょう日のリースです。

秋リース

ふくろうときのこがメインの秋のリース。
おち葉やどんぐりをちらしてかざりましょう。

梅雨リース

リースのまん中に、水たまりのような
もようのおりがみをウラからはりました。
てるてるぼうず、ハスの葉は、
小さいサイズに作っています。

クリスマスリース

ベルを上につけたクリスマスリース。
小さいサイズの星が夜空で
光るようすをイメージしています。

おりがみの時間

静岡県富士宮市在住の創作折り紙作家。
2018年にはじめたWebサイト「おりがみの時間」で数多くの折り紙作品を作るうちに創作に目覚め、現在400以上のオリジナル作品がある。サイトやYoutube、Instagramで投稿したところ、動物や人物など、「かわいい」「作ってみたい」と人気を集める。
著書に、『かわいい動物と四季のおりがみ』(コスミック出版)、『飾れる！使える！たのしい！おりがみの時間』(ブティック社) がある。

サイト　　　https://origaminojikan.com
Instagram　https://www.instagram.com/origaminojikan
YouTube　　https://www.youtube.com/@origaminojikan

スタイリング　久保田加奈子
デザイン　　塙 美奈［ME&MIRACO］
撮影　　　　伏見早織［世界文化ホールディングス］
撮影協力　　おりがみの時間
本文DTP　　株式会社明昌堂
校正　　　　株式会社円水社
編集協力　　石島隆子
編集　　　　江原佳乃子［世界文化社］

飾れる・使える
かんたんかわいいおりがみ

発行日　2024年10月10日　初版第1刷発行
　　　　2025年 5月10日　　第3刷発行

著者　　おりがみの時間
発行者　千葉由希子
発行　　株式会社世界文化社
　　　　〒102-8187　東京都千代田区九段北4-2-29
　　　　TEL 03-3262-6632（編集部）
　　　　TEL 03-3262-5115（販売部）
印刷・製本　株式会社リーブルテック

ⓒ Origaminojikan, 2024. Printed in Japan
ISBN 978-4-418-24822-3

落丁・乱丁のある場合はお取り替えいたします。
定価はカバーに表示してあります。
無断転載・複写（コピー、スキャン、デジタル化等）を禁じます。
本書を代行業者等の第三者に依頼して複製する行為は、
たとえ個人や家庭内での利用であっても認められていません。